패턴매매기법으로
최적의 매수 타이밍을 찾아라!

한국/미국
주식

패턴매매기법으로
최적의
매수 타이밍을
찾아라!

장영한, 김성재, 장호철, 김기태 지음

한국경제신문 *i*

주식은 돈을 다루는 기술이고, 돈은 우리의 피땀이 모여서 만들어낸 결과물입니다. 우리의 피와 땀의 결정체를 다루는 것은 아주 기쁜 일이기도 합니다. 그런 돈을 다루는 주식은, 심사숙고해 투자의 대상을 정하고 다양한 전략을 생각하고 행동으로 이루어내는 고도의 기술이 되어야 합니다.

그런데 대부분의 주식 투자자는 전혀 그러한 행동을 하지 않습니다. 세상을 살아가는 데는 어느 정도 원칙이 만들어지고 기준이 세워졌을지는 몰라도, 대부분의 주식 투자자들은 투자에 있어서는 걸음마를 시작하는 아기와도 다름이 없습니다. 순진무구할 따름입니다.

자신이 돈을 얼마나 어렵게 벌었는지를 생각해본다면 세상 이치가 돈 벌기 쉽지 않음을 분명 느낄 텐데, 주식 시장에 들어서는 순간 그 어려움은 온데간데없이 사라집니다. 쉽게 돈을 벌 수 있을 것 같다는 착각에 빠져 결국에는 주식 시장에서도 돈을 벌기가 어렵다는 것을 뼈저리게 느끼고 시장을 떠나게 됩니다. 경제적 손실만 끌어안은 채로.

주식 시장에 진입할 때도 이제껏 세상을 살아온 것처럼 '원칙과 기준'이 반드시 있어야 합니다. 하지만 시장에서 이렇게 본인만의 원칙과 기준을 세우라고 이야기해주는 양심 있는 사람은 몇 안 됩니다. 있더라도 '원칙과 기준'을 어떻게 세우는지 그 방법을 알려주지 않습니다.

이 책은 30여 년간 경험한 '저'의 원칙과 기준을 여러분들에게 보여주고, 여러분들 스스로 그 원칙과 기준을 만드시는 데 보탬이 되고자 만들었습니다.

한국은행에서도 현대증권에서도 신한금융투자 직원들과 펀드 매니저들을 가르칠 때도 이 책의 내용을 뼈대로 강의했습니다. 절대 어렵지 않습니다. 20살인 제 큰아들 호철이도 쉽게 배웠고, 버핏 투자 영재학교 중학생들도 배워서 한국 주식과 미국 주식 실전 매매를 합니다.

다시 한번 말씀을 드리지만 이 책은 여러분께 저의 30년 경험을 보여드려, 제 원칙과 기준을 바탕으로 여러분만의 '원칙과 기준'을 만들어 드리게 하는 데 그 목적이 있습니다.

이동평균선 설정과 MACD 설정을 확립하는 데 저는 5년이라는 시간이 걸렸습니다. 여러분들은 10분 만에 그것을 얻을 수 있습니다. 나머지 매매 경험 또한 같습니다. 하방을 철저히 막고 기다릴 줄 아는 원칙과 기준을 수많은 사례를 통해 여러분 눈앞에 보여드리겠습니다.

여러분이 살아 있는 한 제가 발견한 시장 본질은 절대 변하지 않을 것이라고 저는 확신합니다. 이런 깨달음을 바탕으로 부지런히 공부하고 스스로 훈련해 '준비된 투자자'가 되신다면 여러분은 시장이 주는 과실을 얻으실 수가 있을 것입니다.

눈으로 보고 영상으로 충분히 확인하신 후에는 스스로 체험해야 합니다. 정말 그래 보아야 합니다.

모의 투자부터 시작해도 좋고, 종목당 실제 돈 50만 원, 100만 원만이라도 조심조심 매매 경험을 하며 제가 인도하는 대로 훈련하신다면, 절대 그렇게 허망하게 주식 시장에서 여러분의 피땀 어린 돈을 잃지 않을 것입니다.

이 모든 체험과 경험의 목적은 바로 '원칙과 기준'입니다. 꼭 명심하셔서 스스로 원칙과 기준을 만드시면 하락장이든 비트코인이든 미국 주식이든 두려움 없이 투자를 잘해내실 것입니다.

여러분의 성공 투자를 기원합니다.

장영한

차 례

패턴매매기법으로 최적의 매수 타이밍을 찾아라!

한국/미국 주식

1강 주식이 어렵지 않음에도 어려워하는 이유

주식이 어렵지 않음에도 어려워하는 이유는 앞일을 자꾸 맞추려고 하고, 그렇게 해서 돈을 벌고 싶은데 앞일을 맞추기 위해 얻거나 공부해야 할 것이 많다고 생각하기 때문입니다.

노벨 경제학상을 탄 인류 최고의 수재도 다 말아먹고 시장을 떠났습니다. 이런 정도라면 나는, 여러분은 그에 견줄 수 있을까요?

시골 촌부도, 못 배운 사람도, 우리 애도, 나도, 여러분도 앞일을 맞출 수 없습니다. 지구상에 존재하는 그 누구도 또한 그렇습니다. 그저 올라가려니 하는 예측이나 감 또는 기대뿐입니다.

어떤 주식에 관심이 있거나 주식을 하는 사람들, 또는 주식을 사려는 사람들은 해당 주식이 올라갈 것이라는 '공통된 또는 단일한' 예측 기대나 감이 있는 것뿐이지, 내가 산 주식이 '꼭' 올라가는 것은 절대 아닙니다.

예측이나 기대 또는 감은 언제든 틀릴 수 있다는 전제가 항상 내포되어 있는 것입니다. 언제든 틀릴 수 있다는 확실하고 준엄한 전제를 기억하시길 바랍니다.

한 가지 질문을 던져보겠습니다. 우리가 주식을 사는 순간

가격이 올라가는 것이 리스크일까요?
가격이 떨어지는 것이 리스크일까요?

여러분은 무엇이라고 생각하시나요?
올라가는 것은 행운이고, 기쁜 일입니다.
결코 올라가는 것에 대해서 걱정하거나 고민할 필요가 없습니다.

간혹 "내년 경기가 좋다는데 삼성전자를 사서 보유하면 어떨까요?" 등의 질문을 합니다.
가장 무서운 질문입니다.
"내 생각처럼 올라갈까요?"와 똑같은 질문입니다. 이미 이분은 삼성전자에 핑크빛 희망을 걸고 있습니다.
그렇게 작정하고 물어봅니다. 아무도 답을 모르는데 자신과

생각이 비슷하다고 이야기해주는 사람을 찾는 것은 아닐까요? 이미 사고 싶으니까요.

리스크는 가격이 떨어지는 것입니다.

주식을 사는 순간, 모든 변동성 있는 것을 취하는 순간, 우리 모두는 가격이 하락하는 '리스크'에 노출이 됩니다.

그럼 주식을 하는 모든 사람들은 어디에 중점을 두고 무엇을 위해 노력을 해야 할까요?

리스크를 없애는 데 나의 모든 노력을 총동원하고 리스크를 줄이는 데 철저해야 합니다.

오직 이것뿐입니다. 리스크를 줄이거나 없애야 합니다.

더 나아가 이익을 확보하는 행위는 우리 아이도, 초등학생, 중고등 학생도 가르치고 배우면 할 수 있는 일입니다.

어른은 말할 것도 없습니다. 배우고 훈련하면 누구나 충분히 할 수 있습니다. 저는 이미 초등학교 6학년, 중학교 1학년~2학년, 대학생, 50대 후반의 성인들까지 이 리스크 관리 훈련을 시켜보았습니다.

이렇게 하방을, 리스크를 철저히 막는 훈련을 하면 계좌는 거의 손실을 보지 않습니다.

하방을 철저히 막으면 위만 열리게 됩니다.

다시 한번 생각해보세요.

과연 주식은 어려운 것인가요?

여러분은 그 누구도 모르는 뜬구름 잡는 것에 여러분의 힘을 쓰고 있나요? 아니면 철저한 리스크 관리에 힘을 쓰는지 잘 생각해보시기 바랍니다. 이렇게 하면 주식은 결코 어렵지 않습니다. 제대로 도전해보십시오. 이를 악물고.

주식으로 돈 버는 법

1. 주식은 쉽게 돈을 벌 수 있는 방편 중 하나다?

확률적으로 3년 이상 꾸준히 수익 내고 있는 투자자는 5%에 불과합니다.

주식의 세계는 95%의 개미들이 전혀 수익을 내지 못하고, 피 같은 재산을 날리고 있는 곳입니다.

'나는 다르다. 나는 머리 좋고, 사회에서 성공한 경험도 많고, 지금껏 뭐든지 잘해내왔다'라는 생각을 95%의 개미가 똑같이 하고 들어와서 깨지고 있습니다.

대한민국에서 제일 머리 좋고, 공부 잘하기로 유명한 고시 3관왕 출신의 고○○ 변호사도 눈물 흘리고 도망간 곳입니다. 노벨경제학상 출신들도 깡통 차고 퇴출되었습니다.

이 바닥은 그렇게 호락호락한 곳이 절대로 아닙니다.

2. 그렇다면 주식 시장에서 성공하려면 얼마만큼의 노력을 해야 하는가?

머리 좋다고 되는 곳이 절대 아닙니다. 그렇다고 머리 나쁘다고 해서 안 되는 곳도 아닙니다.

중요한 것은 주식 시장에서 수익을 내기 위해서는 〈지식+경험〉 두 가지 모두를 갖추어야 하는데, 그것들을 익히는 데 필요한 절대 시간이 든다는 것입니다.

알렉산더 엘더(Alexander Elder)에 따르면 성공한 트레이더가 되기 위한 배움과 경험의 과정은 항공기 조종사 또는 수술하는 외과의사가 될 정도의 노력이 필요하다고 합니다.

게다가 항공기 조종사나 의사는 그 길을 성취하기 위한 매뉴얼과 과정이 뚜렷하지만, 트레이더는 그 누구도 올바른 정도를 알려주지 않습니다.

제대로 된 방향성을 잡지 못하면 15년 허송세월을 보내고도 주식 시장에 대한 원리에 접근조차 못한 채로 퇴출되는 경우가 흔하디흔합니다.

3. 그럼 어떻게 해야 성공할 수 있는가?

책에서 본 것과 실전 투자는 하늘과 땅 차이입니다. 일단 실전 투자를 경험해보지 못했다면 반드시 일정 기간을 경험해보아야 하고, 그 과정에서 본인의 종잣돈을 크게 잃어선 안 됩니다.

실전 투자를 경험해보고, 몇 달간 책도 보고, 연구도 해보고, 생각도 해보면서 스스로 느끼는 바를 매일 일지로 쓰고 기록해야 합니다.

주식 시장을 올림픽에 비유해보자면, 최고의 선수들은 각자의 종목에서 그리고 각자의 체급에서 최고의 위치를 차지하기 위해 최선의 노력을 다합니다. 그리고 그 결과를 성취한 것입니다.

자기 자신의 '종목'도 모르고 '체급'도 모른 채 돈을 싸 짊어지고 들어와서 선수 출신들하고 경쟁을 한다면, 몇 달 안 가서 나자빠지는 결과를 초래합니다.

여기서 '종목'이란 자신만의 매매 스타일(기법, 패턴, 시스템 등과 같은 말)을 말하고, '체급'이란 본인의 자본에 걸맞은 종목과 기대 수익률, 자금 관리를 의미합니다.

본인에게 걸맞은 이 두 가지를 깨닫는 데만 해도 족히 1년이란 시간은 금방 가버리며, 솔직히 말씀드리자면 1년 안에 위의 두 가지 사실을 인지한다는 자체만으로 행운아일 것입니다.

4. 난 반드시 주식으로 성공해야 한다. 그것도 빠른 시간 내에

최소한 위의 1년을 경험한 사람만이 해당하는 내용입니다.

자신이 원하는 매매 스타일과 시스템의 방향을 찾은 사람들 중에서 스스로 꾸준한 수익률을 만들어 갈 수 있는 사람들도 있습니다. 이런 사람들을 타고난 트레이더라고 부릅니다. 천재죠. 그저 부러운 사람들입니다.

하지만 천재가 아니더라도 정말로 간절하고, 열정을 가지고 꾸준히 노력하는 사람들이 있습니다. 예를 들어 '박지성' 같은 선수는 천재가 아니지만, 정말 엄청난 자기관리 끝에 꿈을 이룬 사람입니다. 천재로 타고나서도 자기관리가 안 되는 선수들도 물론 있지만요.

정말로 간절히 성공을 원하고, 가장 빠른 시간에 성공을 거두는 방법은 '성공한 선배나 스승'을 찾아서 그들에게 직접 배우거나, 그들의 방법을 연구하는 것입니다.

증권 TV 전문가를 찾아가거나 유료 리딩 카페 등에 가입하라는 말이 아닙니다. 스스로 10년 이상 연구해서 주식에서 꾸준히 수익을 내는 방법을 찾아낸 선배들, 그리고 고수라고 불리는 사람들이 의외로 많습니다.

본인이 정말로 간절하고, 진정성이 있다면 그들도 가르침을 주고, 방향성을 제시해줄 것입니다. 성공한 트레이더들 중에서 스승에게 배운 사람들은 정말 많습니다.

빠른 시간 안에 승부를 보고 싶다면 무조건 스승을 찾아 나서세요. 3~4달 혼자서 끙끙 앓고 고민하고 있던 문제가 좋은 스승을 만난다면 반나절 만에 콜럼버스의 달걀처럼 쉽게 해결되어 버립니다.

물론 그들이 주는 가르침을 이해하려면 본인 스스로 충분히 고민의 시간을 거쳐야겠지요.

그래서 앞에서 1년의 시간이 필요하다 이야기한 것입니다.

5. 마지막 조언

주식으로 성공하기 위해서 정말 좋은 스승들을 만났고, 본인도 모든 것을 내려놓고 주식 연구에만 몰두했다고 합시다. 그래서 운도 따라준다면… 그럼에도 어느 정도 시간이 걸릴 거라고 봅니다.

그 시간을 버틸 수 있으려면 그동안의 생활비는 최소한 마련되어 있어야겠지요. 프리랜서로 아르바이트를 할 수 있는 여건 정도는 마련해서 시작하는 것이 가장 좋습니다. 수입원이 없는 전업 투자자는 정말 힘듭니다. 말로 할 수 없을 정도로 힘들어지게 됩니다.

이 부분은 제가 말로 더 이상 설명하지 않아도 스스로 체험하게 될 것이니 이 정도로 마무리하고 제가 독자님에게 드리는 마지막 말씀은 바로 이것입니다. '어떻게 하면 큰돈을 벌 수 있을까?'에 중점을 두지 말고, '어떻게 하면 돈을 잃지 않고 작은 수익이라도 꾸준히 모아갈 수 있을까?'에 중점을 두고 모든 매매의 연구를 하세요.

이 사실을 깨닫는 데만 상당한 시간이 걸립니다. 반드시 명심하셔야 할 부분이고, 이게 주식의 시작이자 끝이 되어야 합니다.

고수 또는 스승을 만나서 똑같은 기법을 전수받으라는 이야기가 아닙니다.

시장에서 살아남은 그들에게 주식을 대하는 마인드, 시장을 읽는 방법, 그리고 매매 방법에 대한 방향성 등을 배워야 한다는 뜻입니다. 수학 공식처럼 들어맞는 기법 같은 것은 애초에 존재하지도 않습니다. 그렇지만, 특정한 조건하에 성공할 확률이 매우 높은 구간은 분명히 존재하죠. 그 구간의 타이밍에 매매해 대응을 통해 수익을 창출해내는 것이 전부입니다. 그리고 그 매매 방법은 스스로 만들어내야지, 타인의 것을 사용할 수 없습니다. 개개인의 특성이 모두 다르기에 각자 본인에게 맞는 방법은 스스로 발견해야 하며, 그 길을 찾는 데에 스승의 노하우가 필요하다는 이야기입니다. 전혀 말도 안 되는 연구를 하느라 3~5년 이상 황금 같은 시간을 들이는 일을 줄이는 데 스승의 도움을 받으라는 이야기죠.

여기서 알아야 할 것이 스스로 아무런 노력도 하지 않은 채로 스승을 찾아나서라는 이야기가 아닙니다. 오히려 그런 마인드는 사기꾼들에게 "내가 바로 봉이요!"라고 외치는 결과를 초래

하지요. 그래서 본문에서 스스로 충분히 주식에 대해 1년 이상 연구해보고, 복기도 해보고 어느 정도 수준과 소양을 갖추고 혼자서 한계를 느낄 때까지는 노력해보라고 이야기한 겁니다. 그렇게 나름의 식견을 갖추어도 수익을 낼 수 없을 때, 스승의 지혜를 구하라는 이야기입니다. 자신이 스스로 노력해보고, 어느 정도 주식에 대한 의견을 낼 수 있을 정도가 되면 이 사람이 진짜다, 또는 가짜다 정도는 구별해낼 수 있지요. 가장 좋은 것은 혼자서 공부한 방향과 어느 정도 비슷한 방향성을 갖춘 선배를 찾아나서는 게 좋습니다.

2강 주식 매매의 기원 / 변곡점의 이해

본격적으로 차트 공부를 시작해봅시다. 앞으로 책을 집중해서 읽어 나가신다면 차트를 이해하고 매매를 하시는 데 큰 길잡이가 될 것이라고 확신을 합니다. 30여 년 동안 선물과 외환에서 보았던 매수 매도의 규칙성들은 각국의 대형 우량주에서도 똑같이 발견되었습니다. 여러분들에게 소개해드리고 독자분들도 차트를 공부하는 데 어려움이 없도록 이 책을 통해서 그 길을 보여드리도록 하겠습니다.

차트를 볼 때 여러분들이 제일 중요하게 생각해야 할 것은 지지선과 저항선을 찾는 것입니다. 가치 투자를 하든, 또는 차트를 보고 매매를 해도 앞일을 맞혀주는 정보는 이 세상에 하나도 없습니다.

그렇다면 차트를 왜 볼까요? 바로 차트를 보고 규칙성을 발견하기 위해서입니다. 주식은 위험 대비 수익이 큰 지점에 매수를 함으로 인해 이익을 볼 때는 크게 보고, 손실을 볼 때는 작게 보는 방법밖에 없습니다. 제가 30여 년 동안 사용해온 이동평균선과 MACD를 중심으로 이야기를 해볼 것입니다.

컴퓨터가 없던 100년~200년 전에는 어떻게 주식 매매를 했을까 생각해보신 적 있으신가요? 지금 여러분들은 편하게 HTS를 이용해서 증권사에서 제공해주는 차트와 여러 가지 보조지표들을 보고 있습니다. 그렇다면 컴퓨터가 없던 30년 전, 40년 전에는 어땠을까요? 더 거슬러 올라가서 100년 전, 200년 전에도 주식 거래가 있었는데, 그때는 도대체 어떻게 매매를 했을까요? 가치 투자보다는 차트를 보고 투자하는 사람들이 더 많았을 것입니다. 왜냐하면 '가치 투자'라는 말은 인터넷을 통해 퍼졌고 그 인터넷은 생긴 지 30년도 안 되었기 때문입니다. 그렇다면 이전에는 과연 어떤 방법으로 매매를 했을까 거슬러 가보겠습니다.

다음 차트는 컴퓨터가 발달한 이후 볼 수 있는 풍경입니다. 그렇다면 1970년대로 돌아가서 컴퓨터가 없었을 때는 어떤 매매를 했을지 제가 당시 상황으로 돌아가보겠습니다.

그 당시에는 컴퓨터도 없었는데 차트를 어떻게 만들었을까요? 당시 증권 회사에 계신 직원들이 모두 손으로 직접 모눈종

이에다 차트를 그렸습니다. 지금은 편하게 마우스로 한 번 클릭
하면 하루가 가겠지만, 당시에는 그날 장이 마감되면 증권사 직
원들이 일일이 차트를 그리고 있었습니다. 100년 전에도 마찬
가지였을 거라고 생각을 합니다. 그 당시 지금처럼 시고저종이
있었는지는 잘 모르겠지만, 종가라도 라인으로 그리면서 하루
하루의 가격 움직임을 보고 있었겠죠. 그렇다면 여러분들이 직
접 이 차트를 일일이 손으로 그렸다고 생각해보시기 바랍니다.
여기에서 어떤 규칙성을 발견을 해야 될까요? 처음에 제가 여
러분께 말씀드렸던 지지 저항선을 찾는 훈련을 하시는 겁니다.
그럼 지지선과 저항선은 어떻게 찾았을까요? 추세선이라는 것
이 있었습니다. 가격이 움직이면 두 시점을 잇고 난 다음에 생
성된 직선을 연장합니다. 연결을 하는 이유는 무엇일까요? 1, 2
번 지점에서 실제로 가격이 우상향해서 상승 추세가 생겼다고

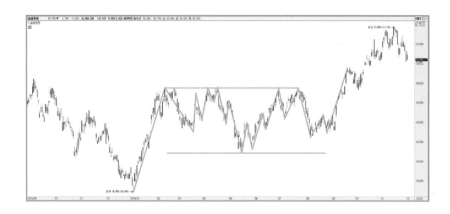

가정을 했을 때, 3번 지점에서 매수를 하려고 지지선을 찾기 위해서 추세선을 그렸던 것입니다. 처음에는 1번과 2번을 이어서 그렸겠죠. 다음에는 생성된 직선을 연장해서 추세선을 그렸을 것입니다. 추세선을 그리는 이유는 단순합니다. 지지선과 저항선을 발견을 해서 싸게 사고, 비싸게 팔기 위해서 이 추세선을 그렸을 것입니다.

추세선이라는 것은 상승 추세가 생겼을 때 추세선을 그리는 것이고, 위와 같이 보합 국면이라고 생각될 때는 수평 추세선을 그렸겠죠. 그게 더블 탑과 이중바닥의 근본이 된 겁니다. 1990년대에 미국에서 책을 수입해서 읽어볼 기회가 있었습니다. 위에 말한 내용들이 정리되어 있었지만, 당시 저의 근처엔 물어볼 사람이 없었습니다. 그저 책에서 보고 배운 대로 실제로 매매를 하거나 모의 매매를 하면서 익힐 수밖에 없었습니다. 이것이 제가 여러분께 기술적 분성 강의를 할 수 있는 근간이 되었습니다. 이 책을 쓴 사람은 또 어떻게 이 내용을 알았을까요? 본인이 실제로 시장에서 경험해서 만든 지식을 집대성했을 수도 있고, 누군가에게 배워서 책으로 기록했을 수도 있습니다. 중요한 것은 기술적 분석을 많은 사람들이 신뢰하고, 그 신뢰를 가지고 차트 분석을 하면서 매매를 하는 사람들이 더 많았다는 것입니다.

앞의 차트에서 그린 수평선 중 위의 선이 일종의 저항선입니다. 보합 국면에서는 고점이 저항선이 되고 저점들이 지지선이 될 확률이 높습니다. 다음 장에서 이중바닥과 더블 탑에 대한 이야기를 해드리겠지만 여러분들이 지지선과 저항선을 어떻게 찾는 것인지 궁금해하실 수 있습니다.

지지선과 저항선을 찾기 위해서는 변곡점을 먼저 알아야 합니다. 차트에 제가 고점과 저점을 이어서 선을 그려 보았습니다. 여러분들도 직접 아무 차트에서나 앞의 차트처럼 고점과 저점을 잇는 변곡점을 그려 보면 위에는 산꼭대기가 발견되고 아래는 산골짜기가 발견됩니다. 변곡점을 그리다 보면 변곡점이 일치되는 지점들이 나오고 그 변곡점이 아래에서는 지지선, 위에서는 저항선이 됩니다.

북한산 트레이딩센터에 와서 공부를 하시는 분들에게 처음에 시키는 행위는 '변곡점 그리기 놀이'입니다. 변곡점을 그리다 보면 꼭지점과 바닥에 대한 인식을 자연스럽게 하실 수 있습니다.
추세가 생긴다면 아래 차트에서 보듯이 고점과 저점이 점점 높
아지는 현상들을 보실 수 있고, 가격이 내려갈 때는 저점과 고점
이 내려가는 현상을 보실 수 있습니다. 변곡점을 그리기 시작하
면서 여러분들은 꼭대기와 바닥에 대한 인식이 생기고, 그 꼭대
기와 바닥을 이용해서 지지선과 저항선을 찾는 것입니다. 미국
주식이라고 어려워할 것이 없고, 중국 주식이라고 달리 볼 이유
도 없습니다. 미국 주식 차트를 하나 보겠습니다.

위의 차트는 미국 주식 애플 차트입니다. 애플 차트도 역시 옛
날이었다면 기술적 지표가 하나도 없었겠죠. 우선 가격만 나와
있는 차트에 자연스럽게 변곡점을 그려 봅니다. 그리다 보면 한
국 주식과 미국 주식의 변동성 차이도 느끼실 수 있습니다. 앞
서 나왔던 차트는 삼성전자 차트고, 위의 차트는 애플 차트에

변곡점을 그려 본 것입니다. 애플 차트에서 규칙성을 찾아보신 다면 고점과 저점들이 계속해서 높아져 가고 있습니다. 계속해서 변곡점이 높아져 가고 어느 순간 가격이 더 이상 고점을 갱신하지 못하고 내려가는 현상을 보이고 있는데, A 고점을 돌파할 때까지를 하나의 파동으로 보시면 됩니다. 크게 보면 1번 꼭지점부터 2번 꼭지점까지가 하나의 파동이 되고, 또 2번부터 3번까지가 한 파동이 되는 것입니다. 변곡점을 자세히 보면 2번 변곡점, 3번 변곡점, 4번 변곡점 이러한 변곡점들이 유난히 눈에 띄게 되겠죠.

유난히 눈에 띄는 변곡점에서는 매수의 돈과 매도의 돈이 서로 싸움을 해서 2번 지점에서는 매수의 돈이 어떤 모멘텀을 잡고 시장에서 가격을 올리는 역할을 했습니다. 왜 그런지 이유는 아무도 알 수 없습니다. 기사가 나왔다고요? 그 기사가 사실인지 아닌지 정확히 알 수가 없습니다.

다만, 가격은 시장에서 제가 제일 신뢰하는 객관적인 사실입니다. 3번 고점에서는 무슨 이유에서인지는 모르겠지만 더 이상 매수의 돈이 힘을 잃고 매도의 힘이 더 크게 작용을 해서 가격을 이렇게 내리눌렀구나, 라고 생각을 하실 수 있습니다. 왜 변곡점에 대한 이야기를 하느냐고요? 왜냐하면 이러한 변곡점들에서는 무슨 일인가 있었습니다. 1번 꼭대기에서는 무슨 일인가 있었고, 2번 저점에서 또한 무슨 일인가 분명히 있었습니다. 이유는 모르지만 변곡점들이 중요한 이유는 어떤 이유에서든 크게 가격이 상승했습니다. 이런 지점에서의 신뢰를 바탕으로 향후에 2번이나 4번, 이러한 가격에 다시 도달할 때는 리스크 대비 리턴이 큰 자리이기 때문에 매수를 해봐야지, 라는 생각을 다른 사람들도 충분히 할 수 있습니다.

고점과 저점이 돌파되고 만들어지는 변곡점들을 여러분들이 스스로 직접 차트를 가지고 해보시고 자연스럽게 생기는 지지선과 저항선의 개념을 함께 익히시면 될 것입니다.

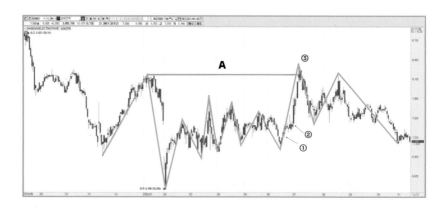

다음으로 중국 주식을 보겠습니다. 마찬가지로 변곡점을 그려 보면 위 그림과 같은 변곡점들을 보실 수 있을 것입니다. 중국 주식에서도 가격이 더 이상 올라가지 않고, A 고점에서 가격이 떨어져서 더 이상 신고점을 뚫지 못하고 가격이 떨어지는 현상을 보실 수 있었습니다. 미국 차트에서도 마찬가지였지만 내가 1번이나 2번 지점에서 매수를 했다면 직선 A 고점 가격에서는 어떤 이유에서인지 가격이 하락한 이유가 있었기 때문인데, 3번 지점 또한 그런 가능성이 존재한다고 생각하시고 갖고 있는 포지션의 50%, 또는 100%를 이 지점에서 이익 실현을 하셔야 된다는 겁니다.

차트가 앞일을 맞혀주는 것이 아니지만 이러한 가능성에 대해서 충분히 차트를 보고 매매를 하는 사람들의 공감대가 형성이 되어 있기 때문에 이런 규칙성을 그림을 그려 보신다면 쉽게 차트를 이해하고 지지선과 저항선을 발견할 수 있습니다. 모든 차트 분석은 지지선과 저항선을 찾는 데 처음과 끝이 있다고 해도 과언이 아닙니다. 여러분들 스스로 한국 주식이든, 미국 주식이든, 중국 주식이든, 또는 일본 주식에서도 이런 지지선과 저항선을 찾기 위해서 변곡점을 찾아야 합니다. 엘리엇 파동을 모르더라도 고점과 저점을 연결해서 이런 모습들을 보신다면 차트를 이해하고 차트를 이용해서 수익이나 또는 손절을 놓는 지점을 충분히 찾으실 수가 있습니다.

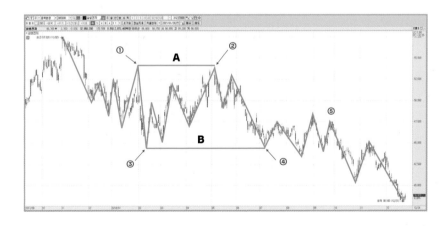

앞의 삼성전자 차트를 보겠습니다. 이 차트에서 변곡점을 그려 본다면 여기에서부터 큰 변곡점과 작은 변곡점들이 구분되기 시작합니다. 2번 지점이 1번 지점의 고점에 정확하게 맞닿지는 않았지만 가격이 A라는 고점 라인에서 생겼던 어떤 보이지 않는 매도의 힘이 작용해서 더 이상 신고점을 뚫지 못하고 빠지는 모습을 볼 수 있었습니다. 3번과 4번 지점을 연결해보면 어떨까요? 직선 A와 직선 B는 이후에 자세히 나올 더블 탑과 이중 바닥의 어떤 특성으로 이해를 하시면 됩니다.

기술적 분석은 한국 주식에서만 맞아서는 절대 안 됩니다. 그러면 범용성이 없는 것이겠죠. 이 책에서 소개해드리는 차트를 이해하는 방법과 앞으로 계속될 차트 분석 내용을 통해 한국 주식에서 배웠던 규칙성이 미국 주식, 중국 주식, 인도네시아 주식, 베트남 주식 등 모든 주식에서 일맥상통한 규칙성을 보여준다는 것을 여러분들이 꼭 눈으로 확인하실 수 있게 해드릴 겁니다. 그것을 눈으로 보여드리는 이유는 그 지점을 이용해서 옛날에 차트를 분석하고 매매를 했던 사람들처럼 싸게 사서 비싸게 팔 수 있는 지지선과 저항선을 찾는 훈련을 꼭 하셔야 된다는 말씀을 드리고 싶어서입니다.

이런 식으로 계속해서 변곡점을 그리는 훈련을 해보시면 여러분들이 그리는 변곡점들이나, 청소년들이 그리는 변곡점들이나 똑같습니다. 그렇기 때문에 나이가 많다고 배우지 못할 것도 아니고, 학벌이 없다고 배우지 못할 것도 아닙니다.

이러한 변곡점을 그리는 마지막 이유는 큰 변곡점을 발견하는 연습을 하는 것입니다. 5번과 같은 변곡점과 1, 2, 3, 4번과 같은 변곡점 중 어느 변곡점에 눈이 쏠리게 될까요? 작은 변곡점일수록 많은 사람의 눈에 띄기가 힘들 것이고, 큰 변곡점일수록 많은 사람들의 눈에 띌 확률이 높습니다. 그 말은 큰 변곡점이 될수록 많은 사람들의 이목이 집중되고 그 변곡점이 저항선이 되었다면 저항선의 역할을, 지지선이 되었다면 지지선의 역할을 충분히 할 수 있는 확률이 있다고 말씀드리고 싶기 때문입니다.

그렇다면 여러분들이 지지선과 저항선의 개념을 익히기 위해서 변곡점을 그리는데 큰 변곡점과 작은 변곡점은 어떻게 구분할까요? 굉장히 주관적인 문제이기는 하지만, 여러분들이 계속 변곡점을 그리는 노력을 해보신다면 큰 변곡점일수록 지지나 저항의 역할을 할 확률이 높아진다는 것을 보실 수 있을 것입니다.

큰 변곡점일수록 사람들의 이목이 집중이 된다면 돈이 몰릴 확률도 높다고 생각합니다.

이번 강의에서는 차트와 변곡점에 대한 이해를 하고 변곡점을 직접 그려가면서 '어떤 변곡점이 클까?'라고 여러분들이 비록 주관적이지만 큰 변곡점을 찾아가는 훈련을 하시길 바랍니다. 큰 변곡점들이 결국에는 지지선과 저항선에 연계될 확률이 크다는 것을 믿어 보시고, 한국 주식 미국 주식 또는 중국 주식 일본 주식에서 그 현상을 직접 확인해보시길 바라겠습니다.

3강 차트분석과 트레이딩을 위한 책과 HTS 세팅 방법

변곡점을 이해해야만 지지선과 저항선이 보이고 지지 저항선을 이용해 차트를 이용한 매매를 충분히 소화하실 수 있습니다. 스스로 변곡점을 그려 보고 훈련을 하는 게 가장 중요합니다. 하버드대, 프린스턴대, 서울대 졸업생이라도 수영 책 백 권을 읽어봤자 수영하기가 쉽지 않죠.

트레이딩 또한 경험과 노하우를 스스로 쌓는 방법밖에 없습니다. '이동평균선과 MACD만을 이용해서 매매가 굉장히 쉽겠다'라고 생각할 수도 있지만, 단순하고 쉬워 보이는 것도 실제로 시장에서는 굉장히 어려운 면이 많이 있습니다. 2개의 지표만 본다고 쉽게 보지 마시고 책을 읽고 직접 훈련해보시면 보다 더 완벽한 매매를 하실 수 있을 것입니다.

3강에서는 패턴매매기법을 위한 차트 세팅을 해보겠습니다. 먼저 이동평균선과 MACD보조지표의 기간 세팅을 바꿔줍니다. 그림을 보며 따라 해보세요.

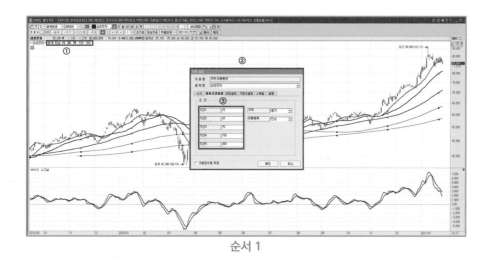

순서 1

차트에서 이동평균선인 1번 박스 부분을 더블클릭하면 2번 가격 이동평균의 지표 설정 창이 생성됩니다. 3번 부분이 이동 평균선의 기간을 설정하는 위치입니다. 기존의 HTS에서 5, 20, 60, 120, 240으로 설정되어 있는 기간들을 15, 33, 75, 150, 300 으로 바꿔줍니다.

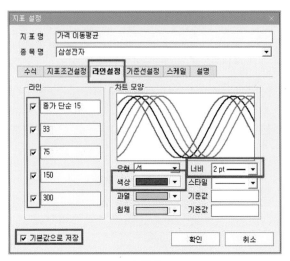

순서 2

　다음으로 '라인 설정'을 눌러주시면 이동평균선들의 색상과 너비를 설정하실 수 있습니다. 각각의 숫자를 클릭해주시고 너비는 모두 2pt, 색상은 15 33 75 150 300순으로 빨강, 검정, 파랑, 초록, 회색으로 설정해주시거나 각자 보기 쉬운 색상으로 설정해주시면 됩니다. 마지막으로 기본값 저장을 눌러주시고 확인 버튼을 누르면 이동평균선 설정이 완료됩니다.

　다음으로 MACD와 시그널선을 설정하는 방법입니다.

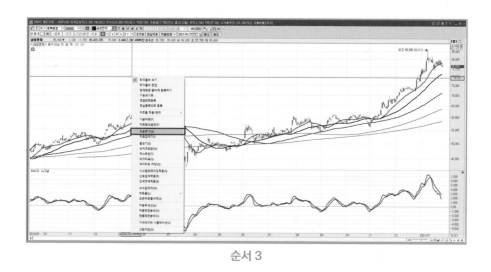

순서 3

차트의 빈 공간에서 마우스 우 클릭을 하시고 지표 추가를 누릅니다.

순서 4

MACD를 검색해서 적용 버튼을 누릅니다.

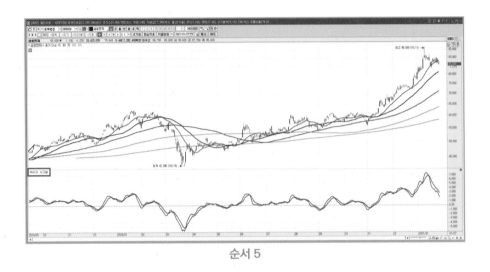

순서 5

차트에 MACD지표가 추가되고 빨간색 박스를 더블클릭하면 MACD에 대한 창이 뜨게 됩니다.

순서 6

short는 12에서 5로, long은 20 그리고 signal은 5로 바꾸고
라인설정으로 넘어갑니다.

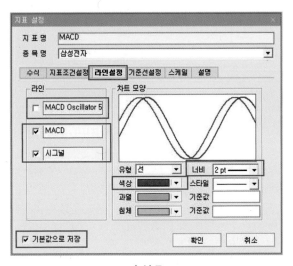

순서 7

MACD Oscillator는 언 클릭을 해주셔서 공란으로 남겨놓고
MACD는 빨간색 너비 2, 시그널은 파란색 너비 2, 기본값으로
저장을 클릭하시고 확인 버튼을 눌러주시면 됩니다.

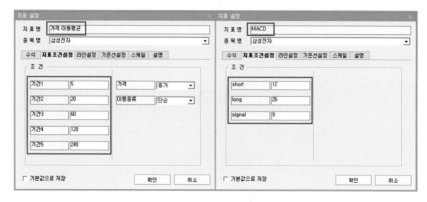

〈수정 전 세팅 수치들〉

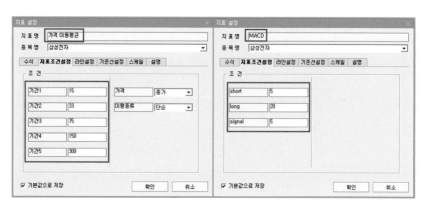

〈수정 후 세팅 수치들〉

　지표 세팅을 이렇게 마치셨다면 한 화면에 나오는 봉의 개수
는 어느 정도가 적당한지 알려드리겠습니다. 여러분들이 차트
를 어떤 형태로 보느냐에 따라서 차트 분석하기가 편하거나 어
려울 수가 있습니다. 주식을 보실 때 3개월, 4개월 기간의 차트
를 화면상에 놓고 보시는 것은 별로 바람직한 차트 분석 방법이

아닙니다. 긴 흐름을 볼 수가 없기 때문입니다.

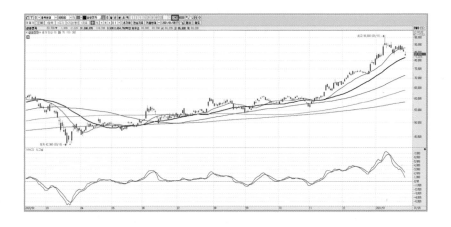

　　현재 시점이 1월이라면 작년 1월이 왼쪽 끝에 나올 수 있게 약 240개 정도의 일봉이 한 화면에 나올 수 있어야 이 회사의 1년 치 흐름을 한눈에 보실 수 있습니다. 주봉도 240개 정도가 차트 화면상에 보이면 5년 정도의 흐름을 주봉 차트로 볼 수 있습니다. 월봉의 경우는 240개라면 거의 20년이 가깝겠죠. 10년 이상의 월봉 차트를 보는 가장 큰 이유는 상승 추세인지, 아닌지를 판단하기 위함입니다. 한국 주식, 미국 주식 똑같이 일봉 차트는 현재 화면에서 1년 치 정도, 주봉 차트는 5년 치, 월봉 차트는 10년에서 15년 정도의 화면을 놓고 보시면 추세를 판단하는 것도 편리하고 일봉 차트에서 정확한 매수 타이밍을 잡는 것도 충분하다고 생각합니다. 추세추종매매와 가장 궁합이 잘 맞는 것은 이동평균선과 MACD입니다.

　이동평균선은 컴퓨터가 없을 때는 위의 그림과 같이 1번과 2
번을 잇는 선을 연장해 3번과 같은 지점에서 매수를 하기 위해
추세선을 그렸습니다. 컴퓨터가 생기고 난 이후부터는 추세선
을 이동평균선이 대체하게 되었습니다. 차트상에 보이는 가격
과 이동평균선과 MACD 이들 중 가격을 선행하는 지표는 하
나도 없습니다.

　15일 이동평균선은 15일 동안의 종가를 평균한 가격이고, 33
일 동안의 가격을 평균한 선을 33이동평균선이라고 합니다.

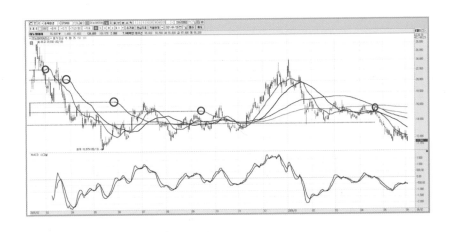

차트를 맨 처음으로 보내면 이동평균선들이 언제 생성되는지 알 수 있습니다. 15 33 75 150 300 이동평균선들은 차트가 그려지기 시작하고, 각각 15일 33일 75일 150일이 지나서 생성됩니다. 가격이 움직여야만 이동평균선의 가격이 설정이 되니까 가격과 이동평균선 중에 뭐가 더 후행 지표겠습니까? 당연히 이동평균선이 후행 지표입니다. 매매 타이밍에 영향을 주는 굉장히 중요한 요인이니 꼭 기억하셔야 됩니다.

MACD는 무엇으로 만들어질까요?

MACD는 Moving Average convergence divergence입니다. 해석해보면 이동 평균 수렴 발산입니다. 즉, 이동평균선이 모이고 벌어지는 현상을 가지고 만든 지표가 MACD입니다. MACD의 근간은 바로 이동평균선이라는 이야기죠. 이동평균선이 움직이면 뒤따라서 MACD와 시그널이 움직입니다.

MACD의 산식, 이동평균선의 산식이 무엇인지는 뒤로하고 상식적으로 생각해봐도 가격이 움직여야 이동평균선이 움직이고, 이동평균선이 움직이고 난 후에 MACD가 움직인다는 것을 알 수 있습니다. 가격이 움직이고, 이동평균선이 움직이고, 그다음에 MACD가 움직입니다.

가격과 이동평균선과 MACD가 움직여서 이동평균선 지지라든지 이중바닥이든지 아니면 더블 탑 현상들이 발생할 때 MACD의 어느 지점에서 매수와 매도를 할 수 있는지, 뒤에 차례차례 말씀드리도록 하겠습니다. 방금 여러분들이 이렇게 이동평균선 설정과 MACD의 설정을 배워봤기 때문에 HTS를 켜놓고 직접 해보신다면 혼자만의 '학(學)'이 아니라 '습(習)'을 하는 시간을 거쳐서 충분히 몸에 체득할 수 있을 거라고 생각이 됩니다.

이번 강의에서는 'HTS의 전반적인 세팅'에 대해서 말씀을 드렸으니까 이 세팅이면 전 세계 어느 주식이든지 모두 여러분들이 똑같은 방식으로 보실 수 있습니다. 중국 주식, 일본 주식도 마찬가지입니다. 심지어 해외선물이나 외환 매매를 하실 때도 이 방법을 사용하시면 되니까 이 단순한 도구를 가지고 이제부터 저와 세분해서 매매 타이밍과 지지/저항선을 찾는 훈련을 해보도록 하겠습니다.

4강 추세의 개념 이해 및 바스켓^{관심종목} 설정 방법

북한산 트레이딩센터에 교육을 받으러 오시는 분들한테 한 달 정도는 이론 교육과 체득을 반드시 해드립니다. 직접 변곡점을 그리는 데 3~4시간, 이중바닥을 찾는 데 3~4시간 또는 며칠 동안 훈련을 시킵니다. 그 뒤 직접 매수 타이밍과 추세를 찾아내게 해서 스스로 종목을 선정하고 매수 타이밍과 이익 실현 시점, 손절하는 시점까지 완벽하게 체득하게 합니다. 그런 다음 모의 투자와 실전 매매를 코칭해드리고 있는데, 여러분들도 이 책만 제대로 반복해서 읽어보신다면 이동평균선과 MACD만을 이용해서도 충분히 매수 타이밍, 종목 선정, 그리고 위험을 관리하는 모든 방법들을 발견할 수 있을 것입니다.

이런 노하우를 여러분께 공개할 수 있는 이유는, 제가 습득한 노하우를 알려드린다고 해서 시장에서 제가 먹을 것을 여러분들이 빼앗을 수 없기 때문입니다. 시장에는 종목도 많고 미국 시장 등 다양한 시장이 있습니다. 제가 알려드리는 규칙성과 반복성을 여러분들이 충분히 습득하고 체득을 하신다면, 각자가 원하는 시장에서 똑같은 규칙성과 반복성을 찾아서 얼마든지 시장에서 잃지 않는 투자자가 되어 시장이 주는 과실을 받을 수 있을 거라고 확신하기 때문입니다.

제 모토는 먼저 잃지 않는 것입니다. 잃지 않고 지킬 줄 아는 능력을 스스로 배양해낸다면 그 어떤 하락장이나 폭락장이 와도 여러분들의 계좌를 지킬 수 있게 될 것입니다. 지난 강의에서 MACD와 이동평균선 설정을 공부하셨는데 거래량 지표를 보지 않는 이유를 많이들 궁금해할 것 같습니다.

그 궁금증을 이번 장에서 풀어드리겠습니다. 제가 거래량을 보지 않는 이유는, 제가 우리나라 코스닥과 거래소에 있는 종목 2,000여 개 중에서 200~250개 정도만 매매를 하기 때문입니다. 저는 관심 종목을 설정할 때, 하루 거래 대금 30억 원 이상, 가격 만 원 이상이 되는 종목들만을 거래합니다. 거래량을 빼고 가격에 더 집중해서 구체적인 스탑까지 1% 이내에 놓는 연구를 하고자 거래량을 뺐으니 이 점을 이해해주시고 본론으로 들어가도록 하겠습니다.

HTS상에서 추세를 어떻게 판단할까요? 추세의 개념과 바스켓, 관심 종목을 설정하는 방법을 말씀드릴 텐데 추세를 일봉 차트를 보고 판단할지, 주봉 차트를 보고 판단할지, 월봉 차트를 보고 판단할지는 개인적인 판단에 달려 있습니다.

저 같은 경우는 추세를 판단할 때는 무조건 월봉 차트를 봅니다. 일봉 차트를 보고 추세를 판단하는 것이 아니라 10년 치 이상의 월봉 차트를 보고 누가 봐도 우상향이라고 판단한다면 바스켓에 담는 것입니다. 여러분들은 차트를 돌려 보시면서 상승추세냐, 하락 추세냐 판단하기가 쉽지 않으시죠?

주식 시장에는 답이 없습니다. 정의(Definition)라는 것이 없죠. '단기가 5일이다'라고 정의가 있는 것이 아니고, '단기는 1일이다'라는 정의가 있는 것도 아닙니다. '중기는 한 달이다', '장기는 6개월 이상이다' 또는 '3년 이상이다'라는 정의가 없습니다.

경제 방송에서도 '단기적으로 보면', '중기적으로 보면' 또는 '장기적으로 보면' 이렇게 이야기할 때 듣는 사람과 말하는 사람의 단기, 장기, 중기의 개념이 서로 다르기 때문에 그것을 서로 아전인수격으로 해석할 수가 있다는 이야기죠.

물리학이나 수학에서는 정의가 있기 때문에 거기에 맞춰 답을 맞히지만, 주식 시장에서는 정의라는 게 없습니다. 각자 정의를 내려서 매매를 해야 하는데 저의 정의는 단순합니다. 차트를 10년 치 이상 봤을 때 우상향이라면 상승 추세로 놓고 일단 바스켓 안에 넣습니다.

하루 평균 거래대금 30억 원 이상과 만 원 이상의 조건을 충족한 다음에 충족된 조건들이 200~300개 나오면 일일이 월봉 차트를 돌려 보면서 우상향인 것만 포함시킵니다. 상승 추세에 대한 개념도 딱 한 가지가 있습니다. 신고점이 계속 갱신이 되면 상승 추세라고 이야기를 합니다. 반대로 신저점이 갱신되면 하락 추세, 나머지 추세는 추세가 아니라 보합 국면 또는 횡보국면이 되겠죠. 일반적으로 바스켓에 넣는 종목들은 신고점을 뚫는 종목이라는 점을 유념하시고 어떤 방식으로 추세를 판단하는지 보겠습니다.

네이버 차트입니다. 누가 봐도 우상향하는 상승 추세 차트입니다.

다음은 CJ대한통운을 보겠습니다.

　　CJ대한통운을 10년 치 이상을 보니 신고도 상승 돌파하는 우
상향 차트입니다. 단기적으로 지금 한 3~4년 정도를 내려가고
있지만, 이 차트는 상승 추세의 차트이기 때문에 조정이 끝나면
다시 상승 추세로 이어가는 관성의 법칙을 이용해서 상승 추세
가 조정을 받을 때 진입합니다. 과거에도 A와 같은 지점에서 조
정이 끝나고 다시 기존 추세를 이어간 것처럼 지금의 조정도 언
젠가는 끝나고 상승 추세를 이어갈 것이라고 생각하기 때문에
저는 상승 추세 바스켓에 구성을 하고 있습니다.

　　다음은 더블유게임즈입니다.

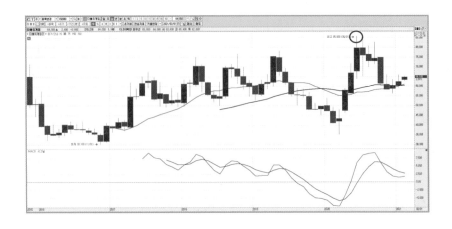

　여러분들이 고개를 갸우뚱하게 하는 차트를 본다면 매매할 필요가 없다고 생각을 합니다. 누구한테 물어봐도 서로 견해가 다르기 때문에 한번 봤을 때 상승 추세라는 생각이 들면 바스켓에 넣으면 됩니다. 하지만 어떤 차트는 분석을 요하게끔 오래도록 들여다봐야 한다면 매매를 안 하시면 됩니다. 그게 가장 단순한 방법인데, 더블유게임즈 같은 경우는 현재 상장된 지 몇 년 안되었긴 하지만 신고점을 쳤기 때문에 저는 상승 추세의 바스켓에 넣어 놓습니다.

　다음 종목으로 유나이티드제약입니다.

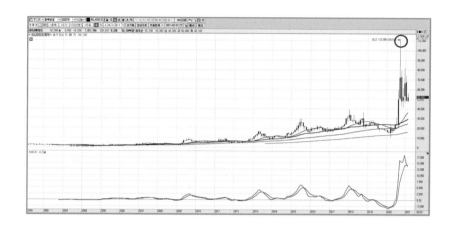

이 종목 역시 최근에 신고점을 쳤습니다. 그렇기 때문에 현재
도 역시 상승 추세라고 생각하고 바스켓에 넣습니다.

LG디스플레이를 보겠습니다.

신고점을 뚫기는커녕 계속해서 신저점을 갱신을 하고 있습니다. 이런 변곡점들이 신저점을 갱신을 하고 있기 때문에 LG디스플레이가 굉장히 좋은 회사이긴 하지만, 바스켓에는 이런 이유 때문에 하락 추세로 보고 있습니다. LG디스플레이는 아쉽게도 저의 바스켓에 들어가지 않습니다.

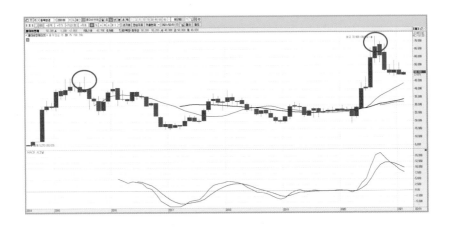

콜마비앤에이치 역시 어떻습니까? 상장한 지 5년 정도밖에 되지 않았지만 신고가를 치고 있어, 최근에 저희가 매수 포인트로 생각되는 그런 지점이 와서 매매를 했던 차트이기도 합니다. 우상향이라는 생각이 드시면 일단 바스켓에 넣어 놓으시면 됩니다. 답은 없습니다.

이렇게 상승 추세와 하락 추세 또 보합 국면에 대한 이야기를 해봤는데 어렵게 생각하실 필요가 없습니다. 변곡점의 크기가 누가 봐도 크다면 사람들의 눈이 모이고, 그 지점이 좋은 지지선이나 저항선이 되는 것처럼 추세를 판단할 때도 우상향이라고 처음에 봤을 때 판단이 되면 우상향 차트로 넣는 것입니다. 고개를 갸우뚱하고 몇 번을 봐도 답이 안 나올 것 같다면 안 하시면 됩니다. 굳이 분석해서 남한테 상승 추세인지, 하락 추세인지 물어볼 필요도 없습니다. 몇백만 명에게 물어봐서 확률을 낼 생각이 아니라면 말입니다.

정의가 없는 주식 시장에서 스스로 정의를 내리고 원칙을 세우는 것이 전부이지, 어떤 학자가 이것이 답이라고 말해주는 것은 주식 시장에 하나도 없다는 것을 명심하시고 그 누구도 믿지 말고 자기 자신만을 믿고 매매를 하셔야 됩니다. "추세의 종류는 상승 추세 하락 추세 보합 국면이 있는데 왜 상승 추세에 매매를 하느냐?"라고 여러분들이 물어보실 수도 있습니다.

미국 주식 차트를 한번 보겠습니다.

앞의 그림은 나이키 차트입니다. 영락없이 우상향하는 차트입니다. 신고가를 계속 뚫고 있습니다. 일반적인 개미 투자자는 이렇게 우상향하는 차트를 선정해서 매매하지 않습니다. 왜냐하면 여기서 보면 HTS의 우측 끝이 차트상에서 제일 고가이기 때문입니다. '이거 사서 얼마나 가겠어?'라고 생각을 하시면서 대부분 어떤 차트를 살까요?

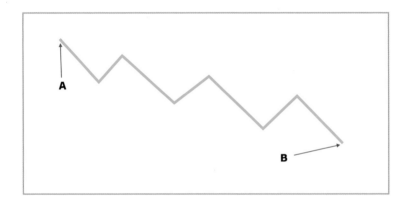

이런 식으로 계속 바닥을 치고 있는 차트를 고릅니다. 왜냐하면 B에서 사면 옛날에 A 정도의 가격이었기 때문에 가격이 올라갈 확률이 있지 않겠냐고 착각을 하는데, 주식 시장에서도 싼게 비지떡입니다. 추세가 하락인 것은 저는 모르지만 그만큼 시장에서 많은 사람에게 그런 판단을 받고 있기 때문에 시장에서 점점 소외된다고 생각하시면 됩니다.

　나이키 차트의 시간을 뒤로 가보겠습니다. 더 이상 못 올라갈 줄 알았는데 17불에서 24불까지 올라갔습니다. 그럼 '22불인 지금 사야 되나? 조금이라도 조정을 받으면 사야 되나?'라고 용기를 못 내고 있지만 2012년 이후에 어떻습니까?

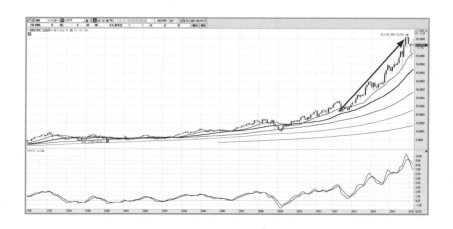

화산 분화구에서 용암이 분출되듯 이렇게 가격이 올라가고 있습니다. 그러면 지금 나이키를 사면 너무 높은 가격이 아닐까요? 2016년에 나이키가 65불입니다. 옛날 생각하면 살 수 있겠습니까? 20불에서 65불까지 3배가 올라갔죠. '3배가 올라갔는데 지금 사도 괜찮을까?'라고 고민을 하셨다면 이다음 차트를 보시면 결과를 알 수 있습니다.

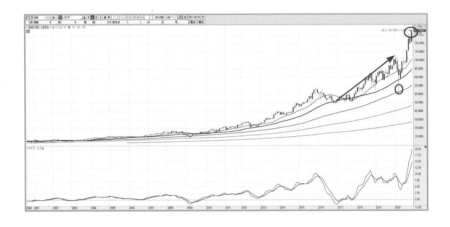

'2016년에 3배가 올라갔는데 지금 사도 괜찮을까?'라고 고민을 하셨다면 2019년의 가격을 보시면 100불까지 올라갔습니다. 이후 2020년에 코로나가 터지면서 가격이 하락해서 '이렇게 추세가 강한 종목은 조정받을 때 사야 돼'라고 70불에서 60불 사이에 담거나, 아니면 '난 이런 종목은 못 사' 하면서 계속 바닥을 찍고 있는 종목을 찾으실 것인지, 또는 상승 추세 속에서 조정을

받는 주식을 찾을 것인지는 여러분들에게 달려 있습니다. 코로나로 인해서 2020년 3월에 폭락을 했던 주식이 현재는 어떻습니까? 코로나가 무색하게 100불에서 30%가 더 상승한 136.35불을 고점으로 해서 지금 현재 128불에 다다르고 있습니다. 이것이 바로 추세의 힘이라고 저는 생각합니다. 여러분들께서도 이런 추세의 힘, 즉 '시장에 한번 힘이 발생하면 관성의 법칙에 의해서 조정이 끝난 후 상승 추세로 이어간다'라는 개념을 머릿속에 확고히 넣으시기 바랍니다.

다음으로 바스켓을 어떻게 설정하는지 알려드리도록 하겠습니다. 키움증권 HTS를 보시면 '조건 검색'이라는 창이 있습니다.

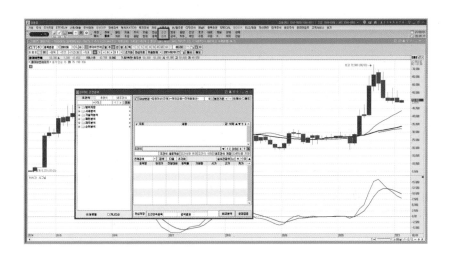

'조건 검색' 창을 띄우면, 여러분들이 2,000여 개를 다 보지 않더라도 제가 말한 바스켓을 일단 어느 정도 걸러낼 수가 있습니다. 컴퓨터 앞에 앉아서 HTS를 켜시고 순서대로 따라와 보시길 바랍니다.

1. 범위지정

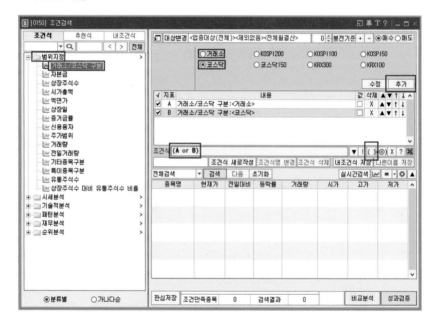

위와 같이 범위지정에서 '거래소'와 '코스닥'을 추가해주세요. 추가하셨다면 아래의 조건식에 A and B라고 조건식이 나왔을 것입니다.

그럼 A and B를 마우스로 드래그해주신 다음에 옆에 있는

(　　)버튼을 눌러 주세요.

눌러 주셨다면 (A and B)라고 나오셨을 것입니다.

다음으로 조건식에서 and를 더블클릭해주시면 and가 or로
바뀌게 됩니다.

최종적으로 앞의 그림처럼 조건식이 (A or B)로 나왔을 것입
니다.

조건식에서 or는 '논리의 합'을 의미하기 때문에 A or B는 거
래소와 코스닥을 모두 지정하고 있는 것입니다.

다음으로 바스켓을 구성할 때 우선주와 ETF상품을 제외시키
는 방법입니다.

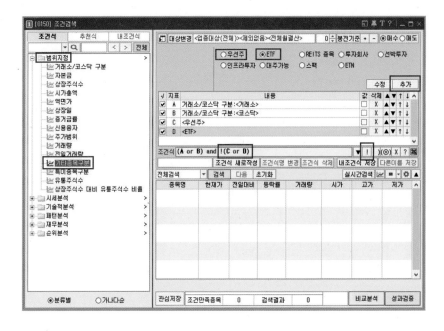

우선주와 ETF상품을 범위지정에서 기타종목구분 메뉴를 선택합니다.

우선주와 ETF항목을 추가하시면 조건식이 (A or B) and C and D라고 나옵니다.

C and D를 드래그해주시고 옆에 !를 눌러주시면 !(C and D)로 바뀌게 됩니다.

다음으로 이전에 했던 방식대로 and를 더블클릭하셔서 or 로 바꿔주시면 최종적으로 앞의 그림과 같은 조건식으로 나오게 됩니다.

2. 주가범위

패턴매매기법으로 최적의 매수 타이밍을 찾아라!

범위 지정에 비해 비교적 간단하게 따라 하실 수 있을 것입니다.

조건식 메뉴에서 시세분석 > 가격조건 > 주가범위를 선택해주세요.

다음으로 주가범위를 '1일 전 종가가 10000원 이상 99999999 이하'로 입력해주신 후 추가 버튼만 누르시면 앞의 그림과 같은 조건식이 완성됩니다.

여기까지 완성된 조건식의 해석은 '우선주와 ETF를 제외한 거래소와 코스닥 종목들 중 만 원 이상의 종목'입니다.

3. 거래대금

거래대금조건 역시 어렵지 않습니다.

조건식 메뉴에서 시세 분석 > 거래량/거래대금 > 평균거래
대금을 선택해주세요.

앞의 그림과 같이 빈칸의 숫자를 수정해주시고 추가를 해주시
면 조건식이 모두 완성됩니다.

완성된 조건식의 해석은 '우선주와 ETF를 제외한 거래소와
코스닥 모든 종목들 중 만 원 이상, 10일 동안 일평균 거래대금
이 30억 원 이상인 종목'입니다.

이제 검색 버튼을 누르시면 조건에 만족된 종목들이 모두 검
색됩니다.

검색을 누르시고 '다음' 버튼의 클릭이 비활성화될 때까지 두
세 번 정도 눌러 주시면 가장 아래에 조건만족종목수와 검색결
과수가 같아지고 100%진행이라는 문구가 나오게 됩니다.

이렇게 되면 종목 검색이 모두 완료되었습니다.

이제 검색된 종목들을 '관심 저장' 버튼을 눌러서 저장해주시
고, 이 중에서 10년 이상의 월봉 차트를 보고 우상향 종목들을
걸러내면 됩니다. 이게 200종목 내지 300종목으로 추려지면 그
것만 평생 매매하셔도 차고 넘치실 거라고 생각합니다. 미국 주
식은 하루 거래 대금 400억 원 이상에 30불 이상인 종목만 나스
닥과 NYSE에서 추려서 저희 카페에 있으니, 미국 주식의 관심

종목이 필요하신 분들은 힘들게 조건검색식을 하지 마시고 저희의 관심 종목을 받아보시면 좋겠습니다. 이번 4강에서는 조건검색식을 통해 바스켓을 구성하는 방법을 배워봤습니다. 다음 장에서부터 본격적인 기술적 분석에 대해 배워보겠습니다.

5강 지지선과 저항선을 찾는 것이 매매의 전부

지난 4강에서는 상승 추세를 어떻게 판단하는지 공부해봤는데요. 이번 5강에서는 기술적 분석에 대해 이야기해보도록 하겠습니다.

기술적 분석의 가장 기본적인 내용이 지지선과 저항선을 찾는 것입니다. 첫 번째가 무엇일까요? 컴퓨터가 없을 당시를 상상해보시라고 말씀을 드렸죠? 모눈종이에서 저점 두 곳을 이어서 세 번째 지지선에 닿을 때 매수를 하려고 하는, 즉 싼 가격에 사서 비싼 가격에 팔려고 하는 사람의 심리는 100년 전이나 지금이나 같다고 볼 수 있습니다.

패턴매매기법으로 최적의 매수 타이밍을 찾아라!

지금 보시는 것은 대한민국의 종합주가지수가 2006년 당시 1,300에 해당될 때, 아주 먼 옛날이죠.

추세선을 그리거나 변곡점의 크기를 알아내서 이중바닥, 삼중 바닥을 찾아냅니다. 이런 지점이 리스크 대비 리턴이 큰 지점이어서 컴퓨터가 없었을 때는 상승 추세선과 더블 탑, 트리플 탑 또는 더블 바텀, 트리플 바텀을 수평 지지선으로 그리면서 찾아내거나 상승 지지선을 찾아내서 매매를 해왔습니다. '추세선을 그려 본다'라는 강한 대전제는 컴퓨터가 생기면서부터 이동평균선으로 대체되었습니다.

다음 종목은 카카오입니다.

　　네이버와 카카오가 포털 주식 대장주로 상승 추세를 타고 있
는데 여기에서도 추세선을 발견하셨나요?

　　A와 B 두 저점을 이어서 계속해서 저점을 이어서 그리다 보면
어떻게 되나요? A, B 저점을 이어서 그리다 보니까 C에서 딱 맞
아떨어지고 있습니다. 세 번째 지점인 C 지점에서는 상승 추세
가 지속될 것입니다. 그러니까 즉, 이곳이 리스크 대비 리턴이
큰 자리이기 때문에 이곳에 가격이 부딪힐 때 매수하고 스탑을
설정해서 놓으려고 추세선을 열심히 그렸겠죠?

　　추세선을 그리면서 옛날 사람들처럼 아직도 이렇게 매매하시
는 분들이 많다는 것을 꼭 알고 계셔야 합니다. 전통적인 방법이
라는 것 또한 많은 사람들의 머릿속에 숙지가 되어 있기 때문에
굉장히 신뢰를 받을 수 있다는 거죠. 그러한 사실도 함께 생각
을 하셔서 새로운 것을 찾는 것보다는 전통적으로 많은 사람들

이 사용했던 방법을 써보시는 것도 좋을 것이라고 생각합니다.

다음으로 '저항선이 돌파되면 지지선, 지지선이 붕괴되면 저항선 역할을 한다'라는 기술적 분석의 개념을 살펴보겠습니다. 이것은 기술적 분석 또는 가격 분석의 바이블과도 같은 구절이라고 생각을 하시면 됩니다. 저항선이 돌파되면 어떻게 지지선이 될까요? 여러분들이 변곡점을 잘 이해하고 계시면 이 역시 지지선과 저항선을 찾는 데 큰 도움이 되실 것입니다. 현대제철의 2005년, 2006년, 2007년 차트를 보겠습니다.

현대제철의 차트에 표시한 고점이 크게 상승 돌파하고 난 이후부터 계속 지켜지고, 더 이상 하락 돌파되지 않고 상승 추세로 이어지는 모습을 확인할 수 있습니다. 과거에도 이런 현상이 있

있는데 지금도 맞을까요? 물론 맞을 수도 있고, 틀릴 수도 있습니다. 앞에서도 말씀드렸듯이 차트를 앞일을 맞추는 도구로 사용하시면 절대 안 됩니다. 다만 확률적인 도구를 이용해서 과학적으로 똑같은 규칙성이 반복될 때 이런 지점들이 '리스크 대비리턴이 큰 지점이다'라고 생각을 하시면 될 것입니다.

다시 카카오 차트를 보겠습니다.

첫 번째로 카카오 차트에서 이렇게 변곡점을 그려 본다면 1번의 전고점이 돌파된 후 2번 지점에서 지지선이 된 것을 확인하실 수 있습니다. 2번 지점과 3번 지점은 수평지지선인 이중바닥으로 작용을 해서 3번 지점 또한 매수 포인트로 자리매김할 수 있습니다.

두 번째로 이중바닥의 규칙성을 보고 이 지점에서 이중바닥을 신뢰하고 리스크 대비 리턴이 큰 지점에서 매수를 하셨다면 이렇게 올라가는 현상을 보실 수 있습니다. 물론 이중바닥이 100% 맞는 것은 아니라는 점을 기억하셔야 합니다. 우리가 원하는 규칙성이 발견되었을 때 리스크 대비 리턴이 큰 자리이긴 하지만 그것이 하락한다면 손절을 해서 손실을 볼 때는 짧게, 이익을 볼 때는 많이 보는 방법밖에는 없다고 생각합니다.

세 번째로 리스크 대비 리턴이 큰 자리, 저항선이 돌파되면 지지선이 됩니다. 5번 지점에서 전고점인 4번 고점 부근에서 변곡점이 서로 만나면서 하루, 이틀 정도 지지선이 되어 다시 상승했다는 것입니다. 앞선 현대제철에서 봤던 전고점이 돌파되어 지지선이 되는 현상을 카카오 차트에서는 두 곳을 발견할 수 있었습니다. 카카오 차트만 그럴까요? 다른 차트도 한번 확인해보겠습니다.

앞의 그림은 네이버 2019년부터 2020년 6월 차트입니다. 이곳에서도 전고점이 돌파되면 지지선이 되는 부분을 쉽게 찾아볼 수 있습니다. 굵직굵직하게 변곡점을 그려 보니 A 전고점이 돌파되니까 B 지점에서 매수 포인트가 발생했습니다. 지나고 난 다음에는 모두 박사처럼 사고팔 때를 다 압니다. 그렇지만 이 규칙성을 몸에 익히시고 여러분이 직접 이게 현실로 다가왔을 때 오늘이라면 여러분은 여기서 매수 의사 결정을 하실 수 있겠습니까?

차이는 눈으로 보는 것과 자기가 직접 경험해보고 이러한 부분에서 매수와 매도를 반복해서 그 확률을 찾아내는 것이 의미가 있는 것이지, 지나간 것을 해설하는 것은 다른 차원의 이야기라고 생각합니다. 그래서 저는 북한산센터에 오시는 분들에게 '이런 규칙성이 있다'라고 교육을 하고, 10장, 20장, 100장, 200장의 차트에서 한국 주식이나 미국 주식에서 똑같은 규칙성을 찾아내는 훈련을 시킵니다.

두 번째로 전고점이 돌파되면 지지선이 된다는 말은 굉장히 전통적인 명언입니다. 기술적 분석에 있어서 유용한 표현인데, 앞으로도 제 매매기법을 이용할 때 MACD와 이동평균선을 결합해서 매수 포인트를 잡는 데 아주 중요한 역할을 하는 기술적 분석 방법 중 하나입니다. '전고점이 돌파되면 지지선이 된다'라는 형태의 차트를 여러분께서 보셨지만 반대의 차트도 한번 보겠습니다.

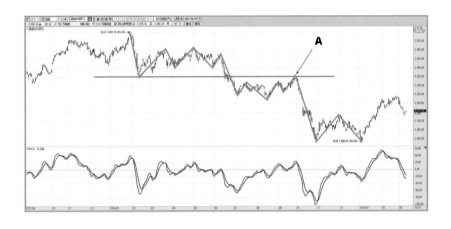

　종합주가지수 차트입니다. 여기에서는 어떤 규칙성이 보이나
요? '전고점이 돌파되면 지지선이 된다'라고 이야기를 했는데
전저점이 돌파되면 저항선이 되어서 더 이상 가격이 상승하지
못하는 현상이 종종 발생합니다. A 지점은 선물을 하시는 분들
께는 매도 포인트가 되겠지만, 포지션을 갖고 계신 분들은 헛
된 욕심을 부리지 마시고 포지션을 정리해야 됩니다. 그래야만
A 지점을 기점으로 폭락하는 이런 큰 낭패를 보시지 않습니다.
　정리해보겠습니다.
　'추세선은 이동평균선으로 대체가 된다.'
　'전고점/저항선이 돌파되면 지지선이 되고, 전저점/지지선이
돌파되면 저항선이 된다.'
　위 규칙성을 차트를 확인하며 보여드렸습니다.
　세 번째로 갭 구간 역시 지지와 저항의 역할을 합니다. 기술적

분석 방법이 100% 맞는 것은 아니지만 맞을 때는 확률적으로 좋은 매수 포인트를 제공해줍니다.

　NH투자증권에서 갭 구간이 생겼는데 이 갭 구간은 항상 채워진다는 격언이 있습니다. 이것도 일종의 기술적 분석 방법에 있어서 중요한 표현인데, 위 동그라미 친 갭 구간이 메워질 때는 지지선으로의 역할을 해서 이 구간 밑에 스탑을 놓고 매수 포인트로 충분히 이용할 수 있습니다. 여러분도 직접 한번 찾아보시겠습니까? 그런데 그게 마음처럼 쉽지만은 않습니다.

　네이버 차트에서 갭 구간을 살펴보겠습니다.

　여기 조그만 갭 구간이 있습니다. 갭 구간이 메워지니 가격이
밑에 있다가 이 갭을 저항선으로 해서 가격이 더 이상 상승하
지 못합니다. 이 갭 구간은 향후에도 계속 영향을 미쳐서 저항
선으로 작용할까요? 아닙니다. 그게 중요합니다. 이 갭 구간은
한번 메워지면 그 뒤에는 저항선이나 지지선으로 역시 작용하
지 않습니다.

　마지막으로 피보나치 수열을 소개시켜드리겠습니다.

　　피보나치 수열은 맨 아래에서부터 뻗어 올린 고점과 저점을
연결해서 38.2%, 50%, 61.8%가 되는 지점을 지지선으로 사용
합니다. 위의 차트는 종합주가지수 차트인데, 다음으로 카카오
차트를 보여드리도록 하겠습니다.

피보나치 조정대를 사용해 파동의 저점과 고점을 연결해보시면 동그라미 표시한 지점이 피보나치로 지지가 되는 부분입니다. 우리가 계산하지 않아도 HTS상에는 이런 기능들이 많기 때문에 가격 조정을 받는 국면을 피보나치 수열을 이용해서 차트를 그리게 되면 앞의 그림처럼 보이게 됩니다. 이 봉은 피보나치 수열상으로도 61.8%까지 조정을 받게 됩니다. 미국 차트에서 같은 상황을 보도록 하겠습니다.

미국 애플 차트에서도 갭 구간을 살펴보겠습니다.

A갭 구간이 가격이 이 위에 있을 때는 이 갭이 메워질 때가 지지선으로 작용하는 매수 포인트라고 생각을 하시면 됩니다. 갭 지지 이후 가격이 다시 엄청나게 올랐는데 이것은 '큰 행운'이라고 볼 수 있습니다. 하지만 이렇게 지속적으로 차트의 규칙성

을 발견하면서 매수 매도를 반복한다면 기술적 분석에서 사용되는 규칙성이 여러분께 좋은 매수 포인트로 자리매김할 수도 있을 거라는 말씀을 꼭 드리고 싶습니다.

B지점은 전고점이 돌파되어서 지지선이 되어 다시 가격이 상승하는 현상을 복습할 수 있습니다. 이렇듯이 여러분들이 이런 규칙성을 스스로 연습하고 공부하신다면 남의 정보를 듣고 의존해서 내 피 같은 돈을 주식 시장에 기부하는 일은 조금씩 사라질 것입니다. 또한 제대로 매수 포인트를 잡고 위험 관리까지 병행한다면 그야말로 주식 시장에서 좋은 기회들을 스스로 찾아서 실패하지 않는 투자자가 되지 않을까 싶습니다. 똑같은 규칙성을 말씀을 드렸는데, C구간 역시 갭 구간이 있죠? 갭 구간이 이렇게 조그맣게 있는데 결국에는 이 구간이 저항선이 되어서 가격이 많이 하락했습니다.

이번 강의에서는 지지선과 저항선을 찾는 것이 기술적 분석의 아주 중요한 매매 도구가 됨을 여러분들께 말씀을 드렸습니다. 이 네 가지를 충분히 숙지하신 다음에 실제로 시장에서 한번 적용을 해보시면 좋은 매매 팁이 될 수 있을 것 같습니다. 어렵고 힘든 것보다는, 쉽고 단순한 것을 반복훈련해서 규칙성이 있는 매매를 하시고 손절을 통해서 위험 관리를 하신다면, 그야말로 잃지 않는 투자자가 될 것이라고 확신을 합니다.

6강 7강

패턴매매기법의 이해 - 상승 추세, 조정 국면

이전 강의에서는 기술적 분석 또는 가격 분석을 함에 있어서 가장 중요한 것은 지지선과 저항선을 찾아내는 데 귀결된다는 것을 말씀을 드렸습니다. 모든 가격 분석과 기술적 분석을 함에 있어서 지지선과 저항선을 찾아내면 그 지지선에서 '리스크 대비 리턴이 큰 지점이다'라고 생각을 하고 매수 시도를 함과 동시에 그 지지선 바로 아래에 손절을 놓아서 리스크 대비 리턴이 큰 지점을 공략을 하는 것이 '과학적이고 합리적인 방법이다'라고 말씀을 드렸습니다.

"이 세상에 정보가 되었든, 차트가 되었든 앞일을 맞춰주는 것은 없다"라고 말씀드렸습니다. 과학적으로 그리고 상식적으로 매수와 매도를 반복하면서 지지선과 저항선을 찾아내는 훈련을 여러분들께서 계속하신다면 스스로 어떤 규칙성을 발견하게 될 것이고, 규칙성은 여러분들에게 자신감을 심어줄 수 있을 것이라고 말씀드리고 싶습니다.

이번 시간에는 추세 시장과 가장 궁합이 잘 맞는 이동평균선과 MACD를 이용해서 패턴매매기법이라는 방법을 구체적으로 제시해드리겠습니다. 패턴매매기법을 이해함에 있어서 가장 중요한 것은 바로 상승 추세 시장에서 조정 국면을 공략하는 방법입니다.

그렇다면 상승 추세를 어떻게 판별할까요? 차트를 보는 사람들 중 3개월만 HTS화면에서 보는 사람도 있고, 6개월을 보는 사람도 있고, 1년을 보는 사람도 있습니다. 그리고 한 달 정도 차트를 열어놓고 보시는 분들도 있습니다. 화면에 보이는 차트를 가지고 상승 추세와 하락추세를 어떻게 발견할 수 있을까요? 정의는 사실 없습니다.

추세의 정의
• **상승 추세** : 계속해서 신고점을 갱신해 나감. • **하락 추세** : 계속해서 신저점을 갱신해 나감.

기술적 분석을 이용해서 매매를 하는 사람들은 많습니다. 실제로 성공을 해서 돈을 버는 사람들은 기술적 분석에서 규칙성을 나름대로 찾아내서 그 부분만을 집중적으로 공략을 해서 확률을 내는 것이지 '특정 지점에서 매수를 해야 한다', '특정 지점

에서 매도를 해야 한다'라는 것은 거의 존재하지 않습니다. 인생에서 사람이 성공하는 방법이 수십, 수백 가지가 있듯이 주식 또한 기술적 분석을 이용해 성공을 하는 방법도 가지각색입니다. 제가 여러분께 제시하는 기술적 분석 방법이 절대적일 수는 없습니다.

'추세 시장'이란 무엇이냐?

- 시장에 어떤 추세가 존재한다 = 시장에 힘이 존재한다.
- 시장에 상승 추세가 존재한다 = 시장에 상승의 힘이 존재한다.
- 시장에 하락 추세가 존재한다 = 시장이 하락으로 계속 일관하고 있다.

추세 시장에서는 추세가 일직선으로 계속해서 우상향하지만은 않습니다. 올라갔다가 떨어지고 올라갔다가 떨어지고, 시장이 한방향으로, 일직선상으로 올라가기만 한다면 얼마나 매매하기가 편하겠습니까? 하지만 그렇지 않다는 것을 모두가 알고 있습니다.

그럼 패턴매매기법 이해를 하는 것에 공식은 무엇일까요? 시장의 추세가 존재한다면 그 추세의 힘에 의해서 관성의 법칙이 발생한다는 것입니다. 즉, 추세가 생기면 조정 국면이 생기고 조정 국면이 생기면 이후에는 기존 추세가 이어지는 관성의 법칙에 의해서 기존 추세가 이어진다고 믿는 것일 뿐입니다. 반드시 그렇지는 않지만 대부분의 상승 추세 차트를 보면, 시장이 상승 분출을 하고 난 다음에 가격 또는 기간 조정을 거치게 됩니다. 사람도 일을 하면 잠을 자고 쉬어야지 더 많은 일을 할 수 있듯 시장도 충분한 휴식 구간이 필요하다는 것입니다. 그 휴식 구간을 시장에서는 조정 국면이라고 이야기하는데 두 가지의 조정 국면이 있습니다.

조정 국면의 두 종류

1. 기간 조정 : 패턴 1 – 15, 33, 75 3개의 이동평균선이 한곳에 수렴.
2. 가격 조정 : 패턴 2 – 깊은 가격 조정
   패턴 3 – 얕은 가격 조정

조정 국면이 끝나면 기존 추세가 확장이 되는 것을 이용해서 추세에 순응하는 매매 방법을 구체적으로 알려드리겠습니다.

패턴매매기법은 추세와 추세를 이어주는 가교역할을 한다. 기간 조정이나 가격 조정의 끝에 매수를 취해서 기존 추세가 관성의 법칙에 의해서 확장이 될 때, 그 확장이 되는 국면을 내 이익으로 가져간다.

여러분들이 기본적으로 기존 추세에 대한 정의를 하고 그 추세에 절대적으로 순응해서 추세가 생성된 종목만 다루시면 됩니다. 차트를 보는데 추세가 애매모호하다면, 매매하지 않으면 됩니다. 공학적으로, 논리적으로 풀어서 누구에겐가 설명을 해줄 필요가 없습니다. 내 눈에 보기에 애매하면 남의 눈에도 그렇게 보일 것입니다. 답이 없는 시장에서 여러분들이 머리를 싸매고 골몰하지 않아도 된다는 겁니다. 한국 주식뿐만이 아니라 미국 주식, 유럽 주식, 중국 주식 등 많이 있기 때문에 선명하게 상승 추세가 확인된 것만 하셔도 됩니다.

지금까지의 추상적인 개념을 차트를 보고 확인해보도록 하겠습니다. 기존 추세를 보는 방법에 대해 말씀드리겠습니다.

현대차 차트가 있습니다.

1997년부터 2021년까지 약 24년의 차트를 보고 추세를 판단해보겠습니다. 제가 추세를 판단하는 방법은 굉장히 간단합니다. 차트를 봤을 때 직관적으로 이 차트가 우상향하고 있다면 상승 추세라고 판단합니다. 상승 추세의 판단 기준은 10년에서 20년 정도의 월봉 차트이며, 이런 차트들 중에 일평균 거래대금 30억 원 이상, 주가 만 원 이상이면 저는 관심종목으로 저장해 둡니다. 한국 주식에서 이런 종목들이 대략 300여 개가 나옵니다. 처음에는 상승 추세의 개념을 잡기 힘들 수 있기 때문에 예를 들어 보여드리겠습니다.

현대차 주봉 차트를 보겠습니다.

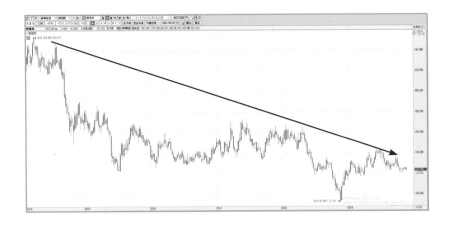

주봉 차트 5년 동안 신저점을 갱신하며 하락하고 있습니다. 상당히 고민이 됩니다. 현대차같이 좋은 회사를 하락 추세로 생각하고 바스켓에서 빼야 할까요? 바스켓이라는 것은 바로 매매하는 것이 아니라 내가 매매할 대상 집단으로 선택해놓는 것일 뿐입니다. 그렇기 때문에 여러분들이 주봉 차트만을 보고 추세를

판단한다면 현대차는 바스켓에서 빠질 것입니다. 굉장히 고민
이 되는 시점이 아닐 수 없습니다. 상승 추세 또는 하락 추세에
대한 기준을 갖기 위해서, 저의 생각에 동의를 하신다면 저처럼
월봉 차트를 약 10년에서 20년 정도를 두고 우상향을 한다면 바
스켓에 넣고 매매할 대상 종목으로 놓는 것입니다.

카카오를 보겠습니다.

현재 시점 대비, 과거 20년 동안 이렇게 우상향의 그림을 보이
고 있습니다. 계속 신고점을 갱신하고 있습니다. 당연히 상승 추
세고 현재 시점도 상승 추세입니다. 그렇다면 "이런 종목을 골
라서 언제 매매하면 되겠습니까?"라는 질문을 하시겠죠. 그 점
도 이제 차근차근 해결해드리도록 하겠습니다.

네이버 차트를 보시겠습니다.

　　계속 새로운 고점이 20년 동안 발생하고 있습니다. 이러한 고
점들이 계속 갱신될 때 여러분들이 추세를 판단하시면 됩니다.
2018년 중반, 가격이 신고가를 치고 올라가고 있는데 이렇게 많
이 빠져서 사야 될지 고민을 하셨다면, 현재 시점을 보시면 추
세 시장이 얼마나 강력하게 새로운 고점을 뚫고 올라가는지 확
인하실 수가 있습니다.

　　삼성전자를 보겠습니다.

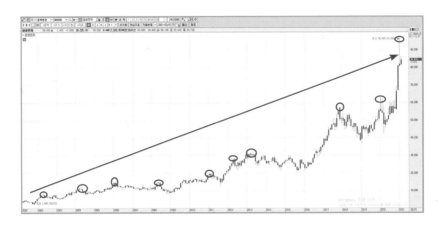

20년 정도의 차트를 보면 계속해서 신고점을 뚫고 가격이 상승하고 있습니다. 차트를 조금 확대해놓고 상승 추세의 파워풀한 현상을 보신다면, '이런 시점에서 지금은 삼성전자가 5,000원에서 3만 원까지 올랐는데, 지금 사면 과연 내가 돈을 벌 수 있을까?'라는 의문이 드실 수도 있습니다. 2013년 이후로 계속해서 새로운 고점을 뚫고 있습니다.

우리나라의 종합주가지수를 보겠습니다.

우리나라 종합주가지수 역시 새로운 신고점을 계속 갱신하면서 이어지는데, 저는 우리나라 종합주가지수 차트도 우상향하는 상승 추세 국면에 있다고 생각을 합니다.

개별종목을 한번 보겠습니다. 더블유게임즈를 보겠습니다.

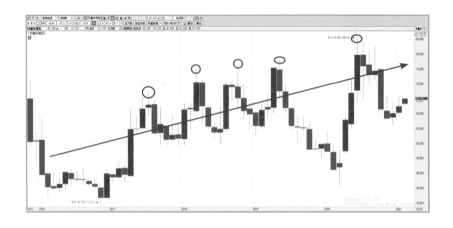

　더블유게임즈를 보니까 2015년에 상장하고 고점을 한번 상장하자마자 만들고 새로운 고점도 만들고 또 신고점을 작년에 만들었습니다. 상장한 지는 5년밖에 안 되었지만 현재 보이는 국면으로는 신고점을 계속 뚫고 있기 때문에 상승 추세로 보입니다. 더블유게임즈 역시 상승 추세라고 생각을 하고 바스켓에 담아서 기간 조정이나 가격 조정이 끝날 때, 리스크 대비 리턴이 큰 지점을 지지선을 찾아서 매수에 가담을 하고 있습니다.

　미국 주식 종목을 보겠습니다.

　스타벅스 차트입니다. 월봉 차트를 보시면 스타벅스 역시 코로나가 발생한 이후로 새로운 신고점을 갱신하기 위해서 힘차게 상승하고 있는 상황입니다. 누구나 다 월봉 차트로 보니까 상승 추세 맞네, 라고 인정하겠죠. 그러면 일단 바스켓에 집어넣으시면 되는 겁니다. 그래서 이 상승 추세가 얼마나 무서운지 여러분께 다른 차트를 보며 한 번 더 말씀을 드릴게요.

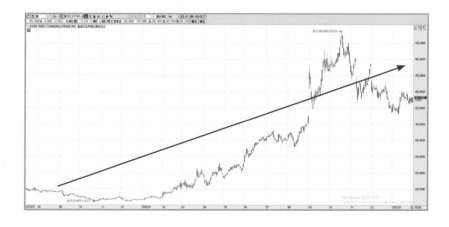

코로나 때문에 온라인 화상 교육을 많이 하고 있는데 그 온라인 화상 교육을 할 때, 줌이라는 영상 툴을 사용하고 있습니다. 상장한 지 몇 년 안 되었지만, 앞의 그림을 보면 올해 3, 4월에 100불하던 것이 기존 추세가 계속 확장이 되면서 얕은 가격 조정을 겪고 계속 상승했습니다. 580불까지 거의 6배를 뛰고 현재는 439불을 하고 있습니다. 누가 보아도 우상향인 국면에 있는 차트를 골라서 얕은 가격 조정 또는 이중바닥 가격 조정을 보일 때 기존 추세를 믿고 매수하는 것입니다.

우리한테 익숙한 월트 디즈니의 월봉 차트를 보겠습니다.

월봉 차트 20년 치를 보면 월트 디즈니가 누가 뭐라 해도 거부할 수 없는 상승 추세 국면에 있다는 것을 알 수 있습니다.

그래서 이런 차트들이 깊은 가격 조정 또는 짧은 가격 조정을 받을 때, 조정 지점에 진입해서 매수를 해보는 겁니다. 이러한 지점들에서 매수하는 방법은 앞으로 계속 소개해드릴 테니 기대를 가지고 책을 정독해주시기 바랍니다.

비자카드 차트를 보겠습니다.

미국 주식 차트가 왜 이렇게 어마어마하게 상승 추세인지 처음 보시는 분들도 있겠지만, 여전히 미국 주식은 전 세계 주식 시장의 50%를 차지하고 있는 매우 큰 시장입니다.

월마트를 보겠습니다.

　월마트는 2018년에 하락 조정을 받고 조정이 끝난 후 상승 반등하고, 조정을 받고 또 새로운 고점을 찍고, 코로나로 인해서 조정을 받은 후에도 어마어마한 상승세를 보이고 있습니다.

　또 하나의 차트를 보겠습니다. 코스트코 홀세일입니다.

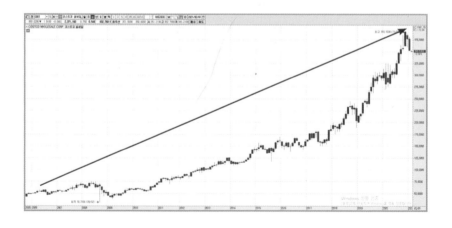

월마트보다 더 무시무시한 상승 국면의 흐름을 보이고 있습니다. 입이 다물어지지 않을 정도의 강한 상승 국면을 보여주고 있는 것입니다. 미국의 대표 화장품 주를 보겠습니다.

에스티 로더 역시 이렇게 조정 국면을 거친 후 새로운 고점을 갱신하고, 조정 국면을 거치면서 또 새로운 고가를 만들고 있습니다.

나이키 역시 우상향하고, 조정 국면 이후 또 상승하고, 조정 국면 이후에도 계속 상향합니다. 조정 국면 이후 또 역사상 신고가를 갱신하고 있는 주식입니다. 미국의 S&P500 지수를 우리나라 종합주가지수처럼 한번 보겠습니다.

미국 거래소에 지수가 상장된 이래로 최고가를 바로 얼마 전에 갱신했습니다. 어마어마한 미국 주식 차트를 보시면서 똑같은 기술적 분석을 익히시더라도 추세 시장에서 이용을 하는 모든 기술적 분석을 이용해서 매매를 하셨다면 한국 주식보다는 미국 주식에서 훨씬 더 많은 수익을 거뒀으리라고 저는 확신하고 있습니다. 상승 추세를 확인하는 방법 하나만 단순하게 장착을 하셔도 '추세를 어떻게 판단을 하지?'라고 고민하셨던 분이 있다면 이제는 그 해답을 찾으셨을 거라고 생각합니다. 여러분들도 이러한 방법으로 상승 추세를 이해해서 실제 사례에 적용을 한다면 아마도 상승 추세 국면에서 패턴매매기법의 기간 조정과 가격 조정을 정확히 이해한 후에 그 기간 조정과 가격 조정 마무리 국면인 지지선에서 매수하는 방법을 배워 나가실 것입니다. 계속 공부를 해나가며 미국 주식과 한국 주식을 비교해보시면, 미국 주식이 훨씬 더 상승 추세가 강하다는 것을 느끼실 것입니다.

　패턴매매기법은 이동평균선과 MACD를 이용해서 추세 시장에 적용하는 매매 방식입니다. 그렇다면 구체적인 추세순응공식 패턴 1, 2, 3에 대해 설명드리겠습니다. 패턴 1, 2, 3은 추세와 추세를 이어주는 가교 역할을 합니다. 앞서 패턴 1, 2, 3이 대략적으로 무엇을 의미하는지 조정 국면의 두 종류를 이야기하면서 언급했습니다. 시장에서 조정이란 휴식 국면을 의미합니다. 시장이 추세를 분출하고 나면 휴식 국면에 돌입합니다. 그다음 다시 관성의 법칙에 의해 기존 추세를 이어가는 것인데 실제 차트를 보면서 확인해보겠습니다.

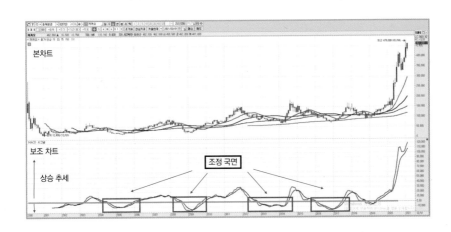

카카오 차트의 현재 시점에서부터 과거까지의 흐름을 한눈에 보실 수 있는 차트입니다. 월봉 차트를 MACD와 대비해서 보셔야 하는데, 이 위에 있는 차트를 '본차트'라고 하고, 밑에 있는 차트를 '보조 차트'라고 합니다. 그렇다면 상승 추세를 월봉 차트에서는 어떻게 판단할까요? MACD의 기준선이 0선입니다. MACD가 주로 0선 위에 자리매김할 때 상승 추세라고 합니다. 이런 상승 추세에서도 MACD가 0선 아래에 자리매김하는 구간들이 나타납니다. 카카오 차트에서 4개의 구간이 있습니다. 이 차트를 주봉 차트로 바꿔보겠습니다.

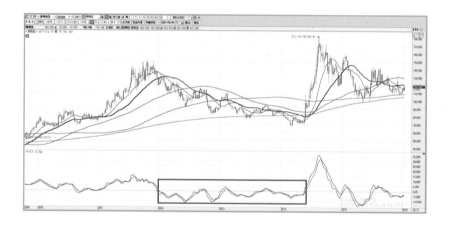

주봉 차트로 바꿔보니 월봉 차트에서 봤던 것과는 다르게 0선 아래 구간들이 훨씬 더 많아지고 있습니다. 당연한 결과입니다. 월봉 차트는 1년에 12개지만 주봉 차트는 1년에 대략 50

여 개 정도가 나오니 그 기간이 더 길게 보일 수 있습니다. 차
트의 타임프레임이 작아질수록 0선 아래 구간이 많아지는 것을
확인했습니다.

LG 차트를 보겠습니다.

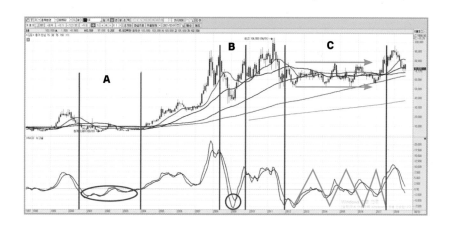

상승 국면이 강할 때는 MACD가 대부분 0선 위에 자리하고 있
지만, 상승 국면 중에서도 A와 같은 얕은 가격 조정 국면일 때
는 이렇게 0선 아래로 조금만 내려옵니다. B지점과 같이 큰 가
격 조정이 발생하는 구간에서는 MACD 역시 0선 아래로 깊게
내려오고 있습니다. C의 기간 조정에서는 이동평균선들이 일렬
로 있습니다. 15 33 75 이동평균선 세 개가 계속해서 수평으로
가는 현상들이 보이면서, MACD는 이때부터 0선 위와 아래를
번갈아가면서 자리매김을 하고 있습니다. 이럴 때는 추세가 더

이상 신고점을 뚫지 못하고 아래로 내려와서 기간 조정을 거치고, 고점을 뚫고 가격 조정을 거치며, 그다음에는 가격의 진폭이 어느 범위 내에서 계속해서 올라가지 않고 있는 현상을 보이는데 이것을 보합 국면, 즉 상승 추세에서 기간 조정 국면으로 보는 것입니다. 가격이 상승하다가 기존 고점에서 가격이 더 이상 올라가지 못하고 이동평균선이 수평이 되면서 조밀하게 진행되고 있는 것을 기간 조정이라고 생각하시고 이럴 때는 이동평균선 3개가 한 점에서 모이는 수렴 현상이 발생합니다. 기존 추세가 이어져 간다는 믿음을 가지고 매매를 할 때 15이동평균선이 35 75 이동평균선을 골든 크로스하면서 상승 국면으로 이어지는 찬스를 잡을 때 이를 패턴 1이라고 합니다. 기간 조정, 즉 패턴 1이 나올 때는 매수하고 포지션을 장기 보유할 수 있는 구간이라고 생각하시면 되겠습니다.

네이버 차트를 보겠습니다.

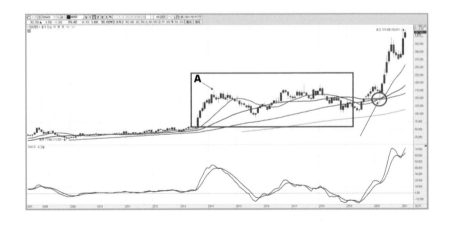

계속해서 우상향하고 있는 모습을 보실 수 있고 A 지점에서 신고점을 갱신한 이후 더 이상 눈에 띄는 상승을 보여주지 못하고 있을 때부터 우상향하던 이동평균선들이 수평 형태로 보일 때를 기간 조정이라고 합니다. 이후 동그라미 친 부분에서 이동평균선이 수렴을 하고 가격이 상승하면서 우상향하는 이동평균선들의 배열을 볼 때 조정이 끝난 후 기존 추세가 이어지는 모습을 확인하실 수 있습니다.

패턴 1의 매수 포인트는 어렴풋하게나마 지금이라도 일봉 차트든 주봉 차트든 월봉 차트든 이동평균선이 수렴하는 타이밍에 진입해서 장기 보유를 하면 되겠구나, 라는 생각을 하실 수 있습니다. 월봉 차트를 보고 투자를 하느냐, 주봉 차트를 보고 투자를 하느냐, 일봉 차트를 이용해서 투자를 하느냐는 여러분들의 선택입니다. 하지만 일봉 차트에서의 패턴 1과 주봉 차트에서의 패턴 1, 월봉 차트에서의 패턴 1, 즉 이동평균선이 수렴후 발산하는 현상은 한국 주식에서뿐만 아니라 미국 주식에서도 발견되는 현상이라는 것을 꼭 기억하시고 매매에 이용하시면 되겠습니다. 앞의 차트에서 동그라미 친 부분은 LG 차트에서 말했던 기간 조정에서 3개의 이동평균선이 수렴한 후 15 이동평균선이 나머지 2개 이동평균선을 골든 크로스하면서 기존 추세를 확장해가는 모습입니다. 저런 지점들을 눈에 익히시려면 차트를 많이 보면서 스스로 같은 지점들을 찾아 보셔야 합니다.

미국 주식 비자 차트를 보겠습니다.

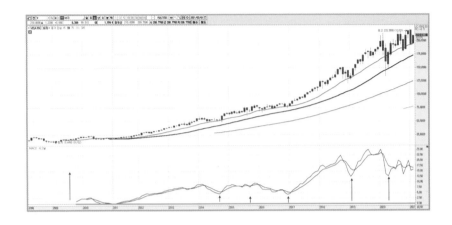

비자의 월봉 차트 MACD에서 보시면 기준선인 0선 이하로 내려온 적이 없습니다. 0선 위에서는 패턴매매기법상 얇은 가격 조정밖에 없는데, 그 가격 조정의 종류는 패턴 3이라고 이야기를 합니다. 주봉 차트를 보겠습니다.

차트에서 보시면 0선 아래 구간에 MACD가 자리를 한 것이 몇 군데 눈에 띄고 있습니다. 2016년과 2014년에 보이고 있습니다. 월봉 차트에서는 이동평균선이 수렴하는 패턴 1 기간 조정의 모습이 안 보였습니다. 그런데 주봉 차트로 가보니 0선 아래로 크게 내려오면서 패턴 1의 모습도 간간이 보실 수 있었습니다. 0선 위에서는 얕은 가격 조정만 보이고, 0선 아래에서는 깊은 가격 조정인 패턴 2의 모습이 보이고 있습니다. 자세하게 보면 가격이 신고가를 갱신한 다음에 더 이상 신고가를 갱신하지 못하면 15 33 75이동평균선 3개가 수렴하는 현상이 비자 차트에서도 여지없이 보이고 있습니다.

　　이렇게 상승 추세가 분출한 다음에 패턴 2, 깊은 가격 조정을 받고 시간 조정인 패턴 1, 즉 이동평균선이 수렴하는 과정을 거친 다음에 추세가 끝난 지점에서부터 새로운 고점을 돌파하면서 추세가 분출하는 모습을 확인하실 수가 있습니다.

　　에스티 로더 차트를 보도록 하죠.

월봉 차트를 보면 에스티 로더 역시 과거 10년 동안 MACD가 0선 아래로 현저하게 내려온 적이 한 번도 없는 것을 보실 수가 있습니다. 이러한 국면에서 패턴 2와 패턴 3을 찾아볼 수가 없습니다. 패턴 3은 0선 위에서 얕은 가격 조정을 받을 때, 매수 타이밍으로 쓰는 방법인데, 월봉 차트상에서는 지금 이렇게만 짧게 조정을 받았습니다. 물론 가격 대비로 치면 월봉 차트이기 때문에 굉장히 큰 가격 조정을 받기는 했지만, 월봉 차트상에서는 MACD가 0선 아래로 내려온 경우가 그렇게 많지 않았습니다.

에스티 로더 주봉 차트를 보도록 하겠습니다.

MACD를 보면 기준선 0선 아래로 내려와 있는 MACD의 구간을 확인하실 수 있습니다. 이런 구간이 패턴 2입니다. 주봉 차트에서 보면 가격은 더 낮아지는데 여기에 해당하는 MACD 지표는 우상향하는 현상을 매수 디버전스라고 합니다. 추세가 뻗어 올린 다음에 깊은 가격 조정이 마무리되는 지점에서는 과매도 국면의 신호인 매수 디버전스 현상이 보이는 것도 기억하시길 바랍니다. 기준선 0선 밑으로 짧게 내려온 것 이외에는 깊게 내려온 구간을 패턴 2라고 합니다. 0선 위로 올라왔던 MACD가 0선 근처에서 다시 0선 위로 골든 크로스를 내면서 올라가는 현상을 패턴 3 국면이라고 보시면 되고 얇은 가격 조정일 때, 패턴 3의 특성을 이용을 해서 매수 시점을 잡는 것입니다. 2015년 에스티 로더 차트에는 패턴 2가 나왔고 2016년과 2017년 초반에 0선 밑으로 이렇게 깊게 내려가는 깊은 가격 조정이 보이고 있습니다. 마지막으로 나이키 차트를 보겠습니다.

월봉 차트를 보시면 역시 상승 추세가 강하기 때문에 MACD

가 월봉 차트에서는 0선 이하로 내려오지 않고 있습니다. 여기서 패턴 3만 두 구간이 보입니다. 2012년과 2013년 사이를 패턴 3 구간이라고 보시면 되겠습니다. 0선 근처까지 내려왔다가 0선 위로 올라가는 모습, 그다음에 패턴 3에서 또 0선 근처까지 내려왔다가 이렇게 0선 위로 치고 올라가는 이러한 현상들을 패턴 3으로 인식하고 매수 타이밍에 이용하시면 되겠습니다. 주봉 차트를 보겠습니다.

0선 아래 구간이 훨씬 더 많이 보이고 있습니다. A 지점을 보겠습니다. 상승 추세가 이어지고 난 다음에 가격 조정을 받고, 이동평균선은 더 이상 상승하지 못하고 15 33 75이동평균선이 모였습니다. 기간 조정을 받고 있는 것이지요. 가격 조정을 받고 기간 조정을 받은 다음에 이동평균선이 수렴하면서 다시 기존 추세인 상승 추세를 이어서 확장을 하고 있습니다. 깊은 가격 조정을 보이고 있는 B구간을 보시면 '가격 저점은 점점 더 낮아지는데 0선 아래에서 매수 디버전스 현상이 보이며 과매도 국면이 출현한 후' 다시 상승으로 이어지는 차트를 보시고 계십니다. 가격 조정이 끝나는 지점을 예측할 때 제일 많이 쓰는 지표가 바로 매수 디버전스 현상입니다.

위의 차트를 보시면 상승 추세 국면에서 패턴 3의 MACD 특징들을 확인하실 수가 있는데, 성공한 경우와 그렇지 못한 사례도 함께 볼 수 있습니다. 패턴 3의 구체적인 매수 타이밍에 대해서는 이 책의 후반부에 자세히 설명되어 있습니다. 확률을 내기 위해서는 비슷한 지점에서 매수 시도를 해보아야 합니다. 패턴 3을 이용해서 지속적으로 똑같은 지점에 매수하다 보면 확률이 생겨서 손절을 놔 짧게 손실을 보고 크게 이익을 볼 수 있는 규칙성 있는 지점들이 눈에 들어오기 시작합니다. 이외에도 시스코, 아이비엠, 록히드마틴 또는 삼성전자, 월봉과 주봉 일봉의 차트를 보면서 비슷한 현상들을 스스로 확인하고 매매에 이용하신다면 충분히 그 확률에 공감하시고 충분히 매매에 이용하실 수 있을 것이라고 생각합니다. 이번 강의에서는 패턴매매기법의 간단한 기초적인 이해를 통해서 패턴매매기법이 상승 국면이 이루어진 다음에 가격 조정이 계속 반복되면서 기존 추세가 이어져 간다, 라는 현상을 배웠으니 다음 강의부터는 좀 더 구체적인 매매 타이밍과 손절 놓는 방법 등에 대해서 배워보도록 하겠습니다.

8강 MACD의 특성 이해

이번 강의에서는 지난 강의에 이어 MACD에 대해 좀 더 상세한 설명을 해드리겠습니다.

지난 강의에서는 패턴매매기법의 공식과 이동평균선, MACD에 대해서 말씀을 드렸는데, 이번 강의에서는 MACD만 중점적으로 설명드리겠습니다. 향후 구체적인 매매 타이밍을 잡는 데 MACD가 중요하게 쓰이니 집중해서, 꼭 이해하면서 넘어가시기 바랍니다.

이런 질문이 있을 수 있습니다. 왜 이동평균선과 MACD의 설정이 현재 HTS에 기본적으로 설정되어 있는 숫자와 다를까요? 이동평균선과 MACD는 우리나라의 증권사들이 1997년에 HTS를 만들 때 기본 설정으로 이동평균선은 5 20 60 120 240, MACD는 12 26 9를 기본 설정으로 보이게 만들었습니다.

저는 1990년부터 원자재 선물 또는 외환을 보면서 로이타나 블룸버그 단말기들을 보고 공부했고, 거기에서 사용되는 여러 가지 다양한 이동평균선을 연구를 해서 현재 보고 있는 15 33 75 150 300 이동평균선으로 먼저 사용하고 있었습니다.

새로운 이동평균선과 HTS를 가지고 확률적인 검증을 하니, 기존의 이용하던 이동평균선 설정과 MACD의 설정을 더 잘 이용해서 더 우수한 확률을 찾아내는 데 매진했기 때문에 여러분들이 보는 이동평균선 MACD와는 다를 수 있다는 것을 먼저 말씀드립니다.

이러한 설정을 정착하고 사용하는 데 대략 5년 정도의 시행착오를 거친 것 같습니다. 숫자를 설정하는 데 굉장히 많은 시행착오와 시간이 걸렸다는 것을 기억하시고 잘 이용해보시면, 제가 느끼는 확률적인 지지 라인을 찾는 데 여러분께도 도움이 될 것이라고 생각합니다.

MACD의 정의는 무엇일까요? MACD는 Moving Average Convergence Divergence의 약자입니다. 즉, Moving Average 이동평균선이 근간이 되었다는 것입니다. 추세 시장에서는 이동평균선이 지지선이나 저항선으로 작용될 확률이 큽니다. MACD도 이동평균선을 이용해서 Convergence Divergence의 형태를 만드는데, 이것의 의미는 단기이동평균선에서 장기이동평균선을 뺀 값을 선으로 나타내주는 보조지표입니다. 이동평균 사이의 관계를 잘 보여주는 대표적인 것이 추세지표입니다.

산식을 아는 것보다는 패턴을 보고 어느 시점에서 매수를 하는 것이 가장 확률이 좋으냐, 라는 것에 대해서 여러분들과 논해보도록 하겠습니다. 추세가 생성되면 MACD는 어떤 모양이나 특성을 가지고 있을까요? MACD에서는 기준선 0선이 매우 중요합니다. 상승 추세에서는 MACD가 0선 아래로 잘 내려가지 않는 특징이 있습니다. 이때 기준선 0선 아래에 오는 것은 하락 추세로 돌아서는 것이 아니라, 깊은 가격 조정인 패턴 2 구간이 대부분입니다. 반면 하락 추세에서는 MACD가 0선 위로 잘 올라오지 않는 특징이 있습니다. 다음 차트는 2015년 안국약품 일봉 차트입니다.

0선을 기준으로 해서 상승 추세일 때는 MACD가 0선 아래로 크게 치고 내려오지 않습니다. 이럴 때 얕은 가격 조정은 MACD가 0선 근처에서 시그널선을 골든 크로스를 내면서 올라가는 현

상을 패턴 3, 즉 얕은 가격 조정이라고 합니다. 앞의 차트에서 보면 동그라미 표시한 지점에서 MACD가 0선 근처에서 다시 시그널선인 파란색 선을 골든 크로스하는 지점을 패턴 3, 얕은 가격 조정이라 합니다. 5월과 6월 사이에도 0선 근처, 6월과 7월 사이에도 33이동평균선에 지지되면서 0선 근처에서 MACD가 시그널선을 골든 크로스하는 현상을 보일 때 얕은 가격 조정인 패턴 3이 발생을 합니다. 지금 보시는 0선 아래로 내려왔다고 해서 이것이 하락 추세로 돌아서는 것이 아니라 꼭대기 고점을 기준으로 깊은 가격 조정을 받고 다시 0선 위로 올라오는 특성들을 보여주고 있습니다. GS리테일 차트를 보겠습니다.

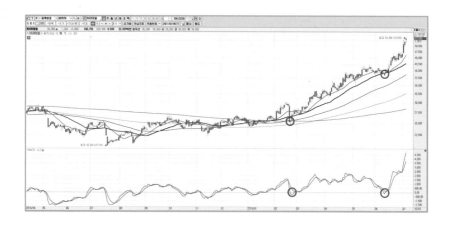

GS리테일 일봉 차트는 상승 추세가 확연합니다. 2014년 4월부터 2015년 7월까지는 우상향이 강한 현상을 보여주고 있는데, 0선 아래로 내려와 있는 구간은 이 두 구간밖에 없습니다.

2014년에는 패턴 2 깊은 가격 조정의 모습을 보여주는 것이고, 2015년에는 0선 근처에서 MACD가 시그널선을 골든 크로스 내는 패턴 3의 구간들에서 이동평균선 지지선과 함께 매수 타이밍으로 이어질 수 있는 얇은 가격 조정의 형태를 보이고 있습니다. 똑같은 규칙성을 계속해서 보여드리는 이유는 중요한 매수 타이밍과 깊은 관련이 있기 때문입니다.

다음 볼 차트는 한국콜마홀딩스 차트입니다.

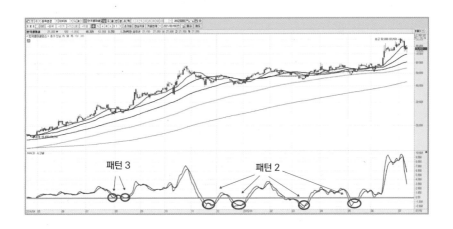

한국콜마홀딩스 차트도 0선을 근처로 33이동평균선이 지지할 때 0선 근처에서 MACD가 시그널선을 골든 크로스하는 부분들이 패턴 3입니다. 0선 밑으로 내려오는 구간에서는 가격이 많이 오른 후 조정 국면도 깊습니다. 그럴 때는 기준선인 0선 이하로 내려오는 케이스가 큽니다. MACD가 0선 아래에서 시그널선을 골든 크로스하고 올라가는 지점들을 패턴 2로 매매하는 방법을 알려드릴 것입니다. 하락 추세의 경우도 보겠습니다.

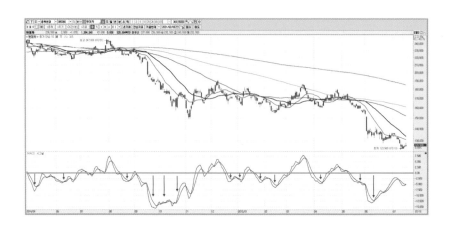

　현대차 일봉 차트인데, 단기적으로 1년만 본다면 계속해서 저
점이 낮아지고 있기 때문에 이때 기준선인 0선을 기준으로 해
서 대부분의 MACD의 영역이 0선 이하로 내려와 있습니다. 하
락 추세의 차트를 하나 더 보여드리겠습니다.

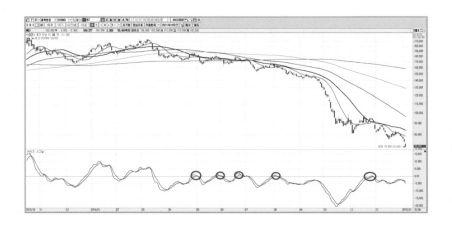

OCI 차트를 보시면 이 두 영역을 제외하고는 MACD가 대부분 0선 아래에 있습니다. 0선 근처에서 계속해서 데드 크로스가 나면서 저점을 낮춰가고 있는 모습을 보실 수 있습니다.

　　다음은 삼성전자 차트입니다.

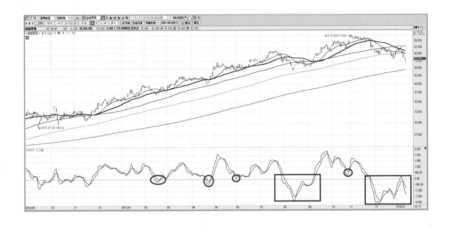

　　과거 2017년 차트를 보시면 우상향하고 있는 상승 추세가 일봉 차트에서 이어질 때 0선 근처에서 계속해서 MACD가 시그널선을 골든 크로스를 하는 현상들이 보입니다. 0선 아래로 내려와 있는 구간은 깊은 가격 조정이 이어지는 영역이며, 패턴 3이 보이는 구간은 얕은 가격 조정이라고 생각을 하시면 됩니다. 가격도 고점 대비 상대적으로 많이 하락한 건 아닙니다. 그렇기 때문에 2017년 12월 구간에도 역시 가격이 많이 빠지긴 했지만 0선 이하에서 깊은 가격 조정을 보이고 있는 형태일 뿐이라고 생각하시면 될 것 같습니다.

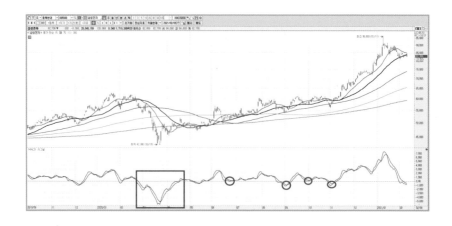

현재부터 1년 정도를 볼 때도 동그라미 표시한 부근에서
MACD가 0선 위에서 골든 크로스 나면서 이동평균선 지지와
합쳐져서 정확한 매수 타이밍을 잡는 방법을 뒤에서 계속해서
소개를 해드릴 것입니다. 삼성전자 월봉 차트를 보시면 더 극명
하게 MACD의 특성을 보실 수가 있습니다.

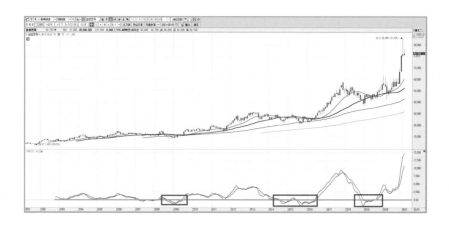

2002년부터 보시면 MACD가 0선 아래로 내려와 있는 구간이 2008년, 2015년~2016년, 그리고 2019년에 잠깐 0선 아래로 내려와 있는 구간이 있고, 나머지 구간은 모두 0선 위에 위치하고 있다는 것을 보실 수 있습니다.

네이버 차트를 보도록 하겠습니다.

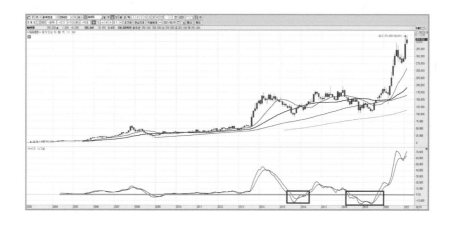

네이버 차트 또한 월봉 차트를 보시면 표시한 구간을 빼놓고는 대부분 MACD가 0선 위에서 보이고 있고, 가격도 우상향하는 모습을 보실 수가 있습니다.

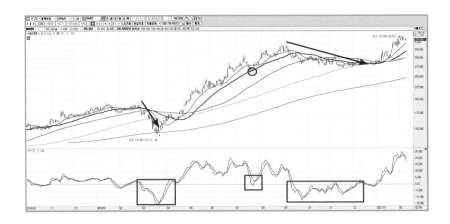

일봉 차트를 보신다면 얕은 가격 조정 33이동평균선에 지지
가 된 후, MACD가 0선 근처에서 골든 크로스를 내는 현상입니
다. 나머지 구간은 깊은 가격 조정을 내면서 MACD가 0선 아래
로 내려와서 다양한 형태의 패턴을 보여주고 있습니다.

미국 주식 에스티 로더 일봉 차트를 보도록 하겠습니다.

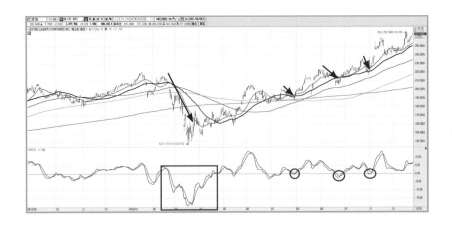

패턴매매기법으로 최적의 매수 타이밍을 찾아라!

2020년 3월 코로나 때는 좀 더 깊은 가격 조정을 보이면서 MACD가 0선 아래로 내려오는 모습입니다. 8월, 9월, 11월에는 얕은 가격 조정을 보이고 다시 기존 추세가 이어졌습니다. 삼성전자나 네이버 또한 모두 다 똑같은 규칙성이 보이고 있습니다. 계속해서 상승 추세가 나올 때 가격은 계속해서 올라가고 MACD가 기준선 0선 아래에서 머무는 구간, 그다음 그 위에 머무는 구간의 특성을 이용을 해서 매매 포인트를 찾는 것입니다. 에스티 로더 월봉 차트를 한번 확인시켜드리겠습니다.

에스티 로더 월봉 차트는 2017년을 제외하고는 MACD가 0선 아래로 내려오지 않는 특징이 보입니다.

코스트코 홀세일 차트를 보겠습니다.

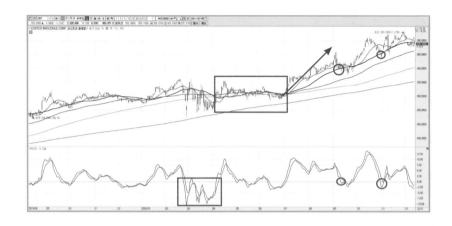

　　2020년 3월, 4월 역시 코로나 때문에 대형 우량주가 0선 이하에서 깊은 가격 조정을 받는 모습을 보이고 있지만, 대부분의 기간에서 0선 위에 자리매김하고 있는 것을 확인하실 수가 있습니다. 이동평균선 15 33 75가 한곳에 수렴한 후 기존 추세를 이어서 또 확장하고 있는 현상도 보실 수 있습니다. 이후에는 0선에서 골든 크로스와 33이동평균선 지지가 보이고 있습니다. 월봉 차트로 보겠습니다.

코스트코 홀세일의 월봉 차트를 보시면 에스티 로더보다도 더 확연하게 0선 이하에 MACD가 보이는 구간이 하나도 없습니다. 굉장한 상승 추세를 보이고 있죠. 패턴 3이 나오는 구간도 그렇게 많지 않습니다.

MACD와 이동평균선을 적절하게 이용해서 이 두 가지만 잘 활용을 하신다면, 아주 쉽게 처음부터 마지막 강의까지 굉장히 디테일한 매수 타이밍을 여러분들께 제시를 해드릴 것입니다. MACD의 특성과 이동평균선만 활용하신다면 매매하시는 데 지장이 없을 것이고, 차트 분석을 하거나 가격 분석을 할 때 강의를 들으신 분들은 지지/저항선에 대한 선구안이 생길 것이라고 저는 확신을 합니다. 이런 훈련들을 여러분들께서 매일매일 하시고 궁금한 점이 있다면 저의 네이버 카페 '매수의 정석' 또는 유튜브 댓글을 달아주시거나 이메일로 궁금한 사항을 보내주시면 저희는 언제든지 여러분들께 궁금증을 해결해드리고 손절 전략과 이익 실현 전략도 함께 제공을 해드려 잃지 않는 투자자가 될 수 있도록 최선을 다해 돕겠습니다. 이번 강의에서는 MACD의 이용방법과 특성을 공부를 해봤으니 앞으로는 좀 더 구체적인 매매 타이밍을 잡아보도록 하겠습니다.

9강 10강

이중바닥 Double bottom - 매수 타이밍, 직접 찾아보기 각국 사례

이번 강의부터는 구체적인 매수 타이밍에 대해서 본격적으로 설명을 하겠습니다. 지난 강의까지는 이동평균선과 MACD의 이해를 돕도록 MACD와 이동평균선의 관계를 설명했는데, 변곡점에 대한 이해를 책 초반에 해드린 적이 있었습니다.

변곡점을 가지고 무엇을 할지 여러분들께서 궁금하게 생각하실 수도 있을 텐데요. 패턴매매기법은 조정 국면 시장에서 진입하는 방법입니다. 첫 번째가 기간 조정이 끝날 때 진입하는 패턴 1, 두 번째는 깊은 가격 조정, 즉 MACD가 0선 이하에 위치할 때 깊은 가격 조정이 시장에 발생했다고 판단을 해서 가격 조정이 마무리되는 시점에서 매수 타이밍을 잡는 방법이 있고, 세 번째는 패턴 3 얕은 가격 조정 중 MACD가 기준선인 0선 근처에서 다시 상승하는 국면이었습니다. 이젠 패턴 2의 깊은 가격 조정에서 어떻게 매수 타이밍을 잡는지 하는 궁금증에 대해서 말씀 드리겠습니다. 가장 대표적인 방법 중에 하나가 바로 이중바닥 (Double Bottom)입니다.

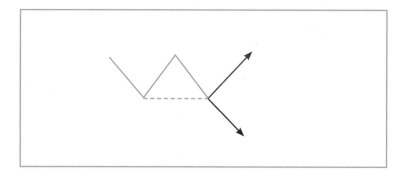

차트에서 이중바닥이 그려질 때 두 번째 변곡점에서 올라갈 것이냐, 또는 더 떨어질 것이냐에 대한 의문을 품을 수 있습니다. 이중바닥은 왼쪽 변곡점의 기준점과 같은 가격대에 가격이 근접했을 때 매수 시도를 해보는 것입니다. 왼쪽 변곡점이 다른 사람들도 중요하게 인지할 정도로 큰지, 작은지에 따라서 이 변곡점의 중요성이 부각될 수가 있습니다.

F&F의 차트를 보겠습니다.

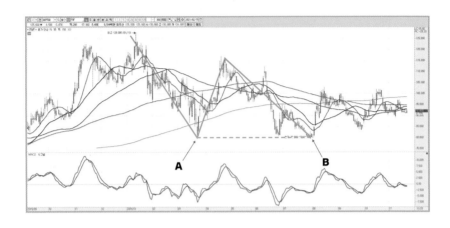

큰 변곡점이라고 할 수 있는 지점이 A 변곡점입니다. A 변곡점
을 기준으로 가격이 더 이상 떨어지지 않고 상승했습니다. A 지
점에선 수많은 매수와 매도의 돈이 싸워서 매수가 이긴 후 차트
에서 보는 것처럼 큰 상승 국면을 출현시켰습니다. A 지점에서
어떤 뉴스가 나왔는지는 모르지만, 저는 가격만 제일 신뢰하기
때문에 어떤 이유에서든 시장 참여자의 매수와 매도의 돈이 싸
워서 이 변곡점에서는 매수가 승리한 상황입니다. 그렇기 때문
에 향후에 A 지점과 같은 가격대가 오면 이 가격이 굉장히 중요
한 역할을 했었기에 이후에도 매수 타이밍으로 충분히 시도해
볼 수 있는 합리적이고 상식적인 지점이 아닐까 생각합니다. 물
론 B 지점에서 가격이 올라갈 수도 있고, 떨어질 수도 있겠지요.
　그런데 왜 이 지점일까요? 이 지점이 아주 강력한 매수의 자
금이 들어왔던 이력이 있는 부분이기 때문에 이 지점에서 매수

를 하는 것이 리스크 대비 리턴이 크다, 라고 저는 가정을 합니다. 차트가 앞일을 맞춰주는 것이 절대 아니라고 말씀을 드렸습니다. 정보도 마찬가지입니다.

이런 규칙성이 있고 확률적으로 리스크 대비 리턴이 큰 지점을 발견해내는 능력을 배양한 다음에 이 지점에서 실제로 매수와 매도를 병행하면서 스스로 매매에 대한 경험과 확률을 쌓아가는 것입니다. 이중바닥이 정확하게 왼쪽 변곡점과 일치하고 올라가는 케이스도 있지만, 살짝 더 떨어지고 올라가는 형태도 경험을 하실 수가 있습니다. 그렇다면 이중바닥이 이 왼쪽 변곡점으로부터 오른쪽 변곡점에서 1%가 더 떨어지면, 또는 2%, 3%가 더 떨어지고 올라갈 때까지를 이중바닥이라고 정의를 내릴 수 있느냐고 많이들 질문하십니다.

그건 아무도 알 수 없습니다. 과거에 이중바닥의 오른쪽 변곡점에서 왼쪽 변곡점 기준으로 1% 또는 2%, 3%가 더 하락 후 상승한 패턴들은 지나간 것일 뿐입니다. 그렇다면 현재 시점에서 이중바닥의 오른쪽 변곡점에서 얼마나 더 가격이 하락을 할지는 아무도 알 수가 없습니다. 그렇기 때문에 수많은 형태의 이중바닥을 여러분들이 경험을 해보시고 하루 만에 이중바닥에서 상승하는 상황도 있지만 이틀, 삼 일 뒤에 상승하는 이중바닥의 형태도 충분히 여러분들께서 경험을 하시고 나면 이중바닥에서의 대응 방법을 찾으실 수가 있을 겁니다. 하루만 볼 것이 아니라 다음 날 또는 그다음 날까지도 이중바닥의 매매 경험을 바탕으로 계속해서 매수 시도 후 손절 관리를 해야만 한다는 것을 강조하고 싶습니다. 왼쪽 변곡점에서 1%가 떨어지면 이중바닥이고, 2%까지 떨어지면 이중바닥이 아니라는 정의를 누가 내릴 수 있겠습니까? 그래서 주식이 가장 어려운 이유 중 하나겠지요. 정의가 없다는 것. 그렇기 때문에 시장 경험을 해보시고 난 다음에 이중바닥에 대한 원칙을 정립하셔서 매매에 이용을 하시면 될 것 같습니다. 저는 아래 그림에서 두 가지 상황을 이중바닥이라고 합니다.

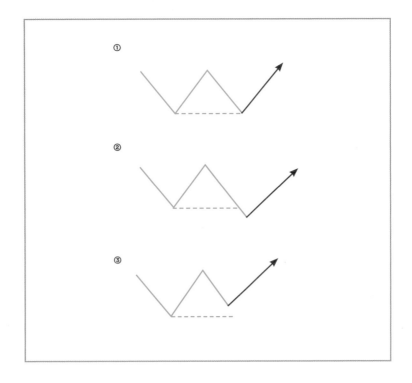

1번과 같이 정확하게 왼쪽 변곡점과 일치하는 지점에서 올라가는 케이스와 2번처럼 왼쪽 변곡점 가격이 살짝 뚫렸다가 올라가는 케이스도 이중바닥으로 보지만, 3번과 같이 이중바닥의 왼쪽 기준선을 치지 않고 올라가는 것은 포지션을 잡을 수가 없습니다. 현재 시점에서의 이중바닥은 1, 2, 3번 중 어떤 양상으로 그려질지 모르기 때문에 매수 시도를 하려고 하는 타이밍은 항상 왼쪽 변곡점과 같거나 살짝 떨어지는 경우에 매수 타이밍으로 취하고 짧은 스탑을 놓고 두 번, 세 번 정도까지 실전매매에서 시도를 해보고 있습니다.

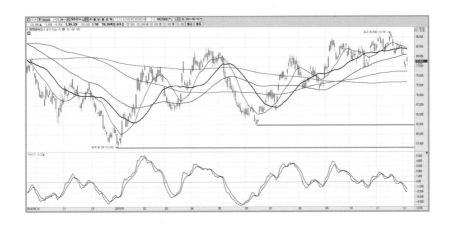

이중바닥에서 가장 중요한 점은 왼쪽의 변곡점 가격은 명확히 드러나지만 오른쪽의 변곡점은 향후에 올지, 안 올지 모른다는 것입니다. 그래서 어떤 변곡점이 큰 변곡점이기 때문에 이중바

닥의 대상이라고 생각하시면 앞과 같이 미리 수평선을 그려 두는 것입니다. 센터에 오셔서 훈련하시는 교육생들에게 이중바닥을 그려 보게 하면 어떻게 그리실까요?

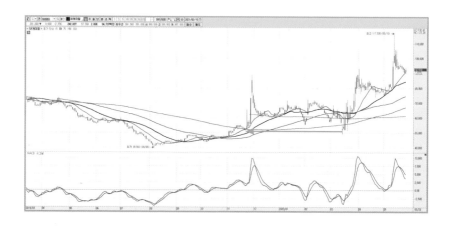

　오른쪽부터 왼쪽으로 이렇게 그립니다. 간혹 오른쪽에서부터 왼쪽 변곡점에 억지로 맞추는 결과로 이중바닥을 그리기도 합니다. 이렇게 표시하면 절대로 안 됩니다. 오른쪽 변곡점을 보기 전에 제가 처음에 왼쪽 변곡점을 굉장히 중요하고 크다고 생각하는지 여부가 가장 큰 관건이라고 말씀을 드렸습니다. 이렇게 그어서 이중바닥이다라고 만들어내는 것은 누구나 다 할 수 있습니다. 답을 알고 이렇게 매수 포인트를 정확히 잡아서 매수를 하면 얼마나 좋겠습니까? 하지만 그렇게 하면 실전 시장에서는 도움을 받을 수 없습니다. 끼워 맞추기식이 되니까요. 정의가 없는 주식 시장에서 원칙을 정하는 것이 가장 중요하다고 말씀을 드리는데, 남이 보기에도 중요하다고 생각되는 왼쪽 변곡점 지점이 중요합니다. 그려둔 가격까지 오면 여기에서부터는 가격이 올라갈지 떨어질지가 중요한 것이 아니에요. 왼쪽에서 발견해낸 이 변곡점이 크다고 인정을 했기 때문에 여기에서 다시 한번 매수 시도를 해보는 것입니다. 그 이유밖에 없습니다. 이중바닥을 그리는 연습을 할 때 최초에 수평선으로 닿는 봉이 제일 중요하고, 그 봉에서 매수가 이루어진다는 것입니다. 오른쪽 변곡점에서 시작해서 왼쪽으로 선을 연장해서 그리는 이중바닥은 아무 의미가 없습니다. 차트를 보면서 이어가도록 하겠습니다.

이중바닥의 매수 사례를 살펴보겠습니다. 이중바닥 가격이 대략 68,000원이고, 다음 봉에서 고가는 73,000원이면 대략 7% 정

도가 움직인 것입니다. 저희는 하방을 막는 것을 가장 중요하게 생각하기 때문에 여기에서 매수를 잡고 대략 3% 지점에서는 이익 실현을 합니다. 꼭대기에서 매도하는 것은 절대 불가능합니다. 지나갔으니깐 꼭대기가 7% 올라갔다고 이야기를 하지만, 이런 식으로 3% 정도 올라갈 때 이익 실현을 하고 매수가보다 아래에 있던 손절을 본전으로 올린다면, 가격이 향후 매수가 이하로 하락할 때도 약간의 이익을 챙기고 본전에 나올 수 있어서 내 계좌는 전혀 손실을 보지 않고 이중바닥을 활용을 할 수 있다는 것입니다.

만약 이후에 이 지점이 좀 큰 변곡점이라고 생각이 되신다면 이렇게 변곡점으로 그어 놓고 작은 이중바닥에서 매수를 합니다. 그런데 이 가격대가 부딪히고 매수를 하고 1%에서 2% 정도의 스탑을 놓았다면 짧은 스탑을 보고 시장에서 빠져나왔을 것

입니다. 이렇게 해서 계량적인 숫자만을 갖고 이중바닥을 찾고, 여러분들께 이중바닥에 대한 예시를 보여드렸습니다. 이런 규칙성 있는 지점마다 매수하고 매도를 반복해서 이익 실현을 일부하고, 손절을 상향시키면서 내 계좌를 완벽하게 지키겠다는 의지를 '실천'하신다면 여러분들도 계좌의 하방을 완벽하게 막고 상방만을 노리는 그런 투자자가 될 수 있을 거라고 생각을 합니다.

다음은 매매 팁을 한 가지 드리려고 합니다.

도지에 대한 이야기입니다. 도지라는 것이 발생을 하면 변곡의 징후가 있다, 라고 봅니다. 가격이 내려가다가 어떤 지지선상에서 도지가 발생했습니다. 그러면 이때 변곡의 징후가 있어서 이 지점부터는 가격이 올라갈 것이다, 라고 예측을 하는 것입니다. 캔들에는 몸통이 있고 꼬리 2개가 있습니다.

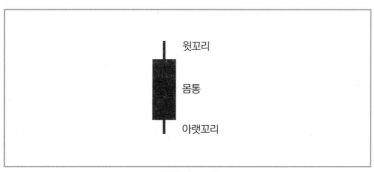

〈몸통과 꼬리〉

꼬리 두 개 합친 길이가 몸통의 길이보다 긴 것을 일반적으로 도지라고 하는데, 도지가 지지선과 저항선상에서 출현될 때 변곡의 징후가 될 확률이 높다고 보는 것입니다. 저는 도지를 이렇게 사용합니다.

파란색이든 빨간색이든, 음봉, 양봉 상관없이 꼬리가 더 길기 때문에 도지라고 봅니다. 도지가 생기는 이유는 그날 정상적인 가격의 변동의 범위 이외의 비정상적인 가격 변동폭이 훨씬 더 컸기 때문입니다. 몸통이 길 때는 정상적인 가격 범위가 몸통 범위 내에서 있고, 비정상적이라고 생각되는 가격 범위가 꼬리로 표현이 되는데 이 꼬리가 정상적인 몸통보다 크다라고 하는 의미는 비정상적인 가격의 움직임이 그날 많았다는 것입니다. 즉 그날 매수와 매도의 흐름이 돈이 상당히 크게 부딪혀서 가격 흐름이 굉장히 불규칙적으로 되는 형태를 도지라고 해석하고 있습니다. 차트를 보면서 이야기해보겠습니다.

패턴매매기법으로 최적의 매수 타이밍을 찾아라!

엔씨소프트 차트에 표시한 첫 번째 동그라미를 보시면 33이
동평균선에서 도지가 나오면서 변곡을 만들고, 이후에는 300일
이동평균선에서 도지가 나오면서 변곡을 만들고, 세 번째 지점
역시 33이동평균선에서 도지가 나오면서 변곡을 만들었습니다.
이동평균선까지 가격이 위에서부터 떨어지다가 도지가 나왔기
때문에 변곡의 징후가 생길 수 있겠다, 라고 예측을 했는데 다
른 지지 요인이 함께 있었다면 더 좋은 매수 타이밍이 될 수 있
었을 것입니다. SK하이닉스의 차트를 보면서 도지에 관한 이야
기를 이어가보겠습니다.

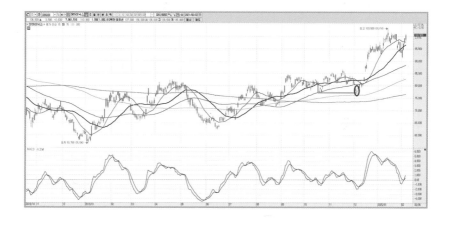

SK하이닉스에서도 차트에 표시한 이중바닥이 보입니다. 이때
이중바닥이 충족된 봉을 보면 꼬리가 몸통 길이보다 긴 도지입
니다. 도지만 있다고 매매를 할 수는 없습니다. 이렇게 이중바닥

이 충족하면서 도지가 나온다면 그때의 도지를 변곡의 징후로 볼 수 있는 것입니다. 이러한 도지의 흐름을 여러분들도 차트를 보면서 직접 확인을 해보시기 바랍니다. 제가 이런 팁을 드리면 외우지만 마시고, 여러분들도 실제로 이러한 현상들을 그려가면서 또 지지선과 저항선을 찾아가면서 스스로 찾고 내 몸속에 하나하나 쌓아 보길 바랍니다. 내가 본 차트들 중에 이런 확률적인 경향이 높아진다면 그러한 지점들을 충분히 여러분들도 매수 지점으로 활용할 수 있습니다.

계속해서 한국 주식에서 이중바닥의 사례 두 종목과 미국 주식에서의 이중바닥 사례 두 종목을 살펴보겠습니다.

네이버 차트를 보겠습니다.

이중바닥이 성공한 사례를 보여드리고 있습니다. 성공한 케이

스만 찾는 것이 중요한 것이 아니라, 이중바닥이 실패한 사례도 굉장히 많다는 것을 명심하시고 직접 찾아보셔야 합니다. 그래야 이중바닥이 실패했을 때 시장에서 어떻게 짧은 손실을 보고 빠져 나오는지, 그 대응 방법을 여러분들께서 항상 준비를 하실 수 있기 때문입니다. 차트를 보고 매매할 타이밍을 잡는 훈련을 하시더라도 그 지점을 절대적으로 신뢰하셔서는 안 됩니다. 이중바닥도 굉장히 다양한 사례가 보이기 때문에 다양한 형태의 이중바닥을 여러분들이 경험해보시고 대응 능력을 준비해야 된다는 것입니다. 이중바닥은 신고점을 치고 난 다음, 패턴 2 깊은 가격 조정에서 전형적으로 발생하는 매수 타이밍 지점입니다. 신고점을 치고 더 이상 고점이 높아지지 않는 상태에서 깊은 가격 조정을 보이고 가격이 상승하는 구간에서 이중바닥이 나오는데 도지의 중요성을 잊으시면 안 됩니다.

네이버 차트에서 가격이 이중바닥과 맞물리는 지점에서 도지가 발생했습니다. 당일에는 사실 도지가 될지, 도지가 아닌 봉으로 끝날지는 모릅니다. 하지만 그다음 날이라도 매매를 하시고 싶은 분이 있다면 이렇게 도지가 나왔기 때문에 상승할 확률이 높겠다 해서 매수 타이밍을 잡으시는 건 괜찮다고 봅니다. 그래서 그다음 날 중간 가격에 매수를 잡고 전날 도지의 하단 밑에 스탑을 놓으시면 일단은 짧은 스탑으로 이중바닥을 공략을 하실 수도 있다는 것이죠. 현재 네이버 차트에서 표시한 이 봉은 두 개의 이중바닥을 품고 있습니다. 이럴 경우에는 1번과 2번의 가격대가 거의 1~3% 이내의 범위에 있다고 한다면, 첫 번째 이중바닥 지지선에 올 때 매매를 하는 것보다는 두 번째 이중바닥 지지선 가격이 올 때 매매하시는 것이 훨씬 더 좋습니다. 지지선이 두 개, 세 개가 같이 겹칠 때는 맨 마지막 지지선이 올 때까지 기다립니다. 그리고 제가 개발한 60분짜리 매수 타이밍을 보면 이런 지점에 왔을 때, 60분짜리 매수 타이밍은 이날의 일봉 차트의 아래위를 3등분한 이 1/3지점 밑에서 포지션을 잡도록 유도를 하고 있습니다. 책의 후반부에서 확인해보시면 되겠습니다. 다음으로 삼성전자 차트를 보겠습니다.

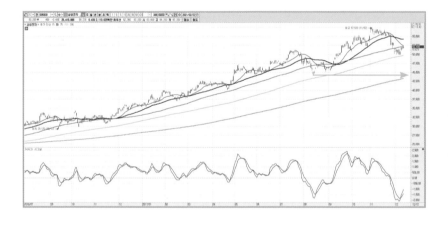

이렇게 왼쪽에서부터 보면서 갔을 때 굉장히 중요한 변곡점이라고 파악을 해놨으면 그 변곡점에서 선을 하나 그려서 이 지점에 오면 매수를 해야지, 라고 생각을 하고 계신다는 것입니다.

　그리고 이 직선을 연장해보니 어느 지점에서 딱 닿는다면 이 가격대에 한번 매수를 해보는 것입니다. 차트에서 보시면 저점을 똑같이 찍었지만 며칠 동안 비슷한 가격대에서 머물다가 가격이 오른 형태를 보실 수 있습니다. 이중바닥의 여러 사례들을 여러분들이 경험해보면 하루 만에 올라가는 케이스도 있지만, 며칠 동안 움직임이 없다가 변곡점을 만들고 올라가는 경우도 많이 있습니다. 다양한 사례들을 보시면서 대응 능력을 실전 시장에서 경험하시는 방법밖에 없습니다. 이중바닥이 내가 보고 있는 타이밍에 왔어, 라고 해서 포지션을 잡고 한 번만 매수 시도를 하는 것이 아니라 계속해서 며칠 동안 가격이 크게 내려가지 않는다면 짧은 스탑으로 두세 번 정도의 매수 시도를 해볼 수 있다는 것입니다. 그렇게 해서 결국에는 짧게 여러 번 손실을 봐도 한번 변곡점을 잡아내면 그 손실을 모두 만회하고 이익을 취할 수 있는 그런 계좌 형태를 만들어가게 되는 것이죠. 미국 주식을 한번 보겠습니다.

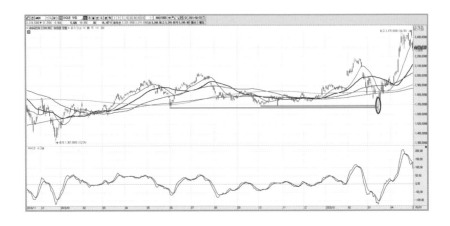

미국 주식 아마존 닷컴의 차트입니다. 여기서도 네이버 차트에서 봤던 비슷한 그림이 나왔습니다. 차트를 자세히 보면 두 개의 이중바닥에 닿은 봉이 보입니다. 이럴 때는 더 낮은 지지선이 올 때까지 기다렸다가 매수 의사 결정을 하는 것입니다. 왜 더 낮은 가격이 올 때까지 매수 지점으로 이용을 하라고 이야기하는지 지금은 이해가 안 되실 수도 있지만, 강의를 계속해서 들어보시면 충분히 이해하실 수가 있을 것입니다. 또 차트를 자세히 관찰해보시면 두 개의 이중바닥에 동시에 만족한 이 봉은 도지입니다. 가격이 위에서부터 아래로 떨어지면서 도지가 나오고, 이중바닥 수평 지지선이 발생을 했다면 이 지점이 변곡점이 될 확률이 높다고 생각하고 한번 매매를 해볼 수 있는 것입니다. 다음으로 테슬라 차트도 보겠습니다.

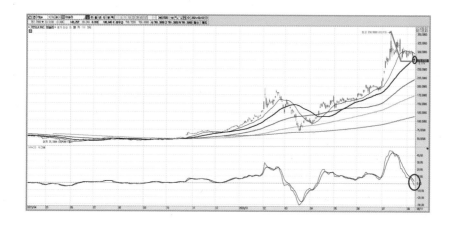

성공한 사례를 보면 미국 주식이 워낙 상승 추세가 강하기 때문에 깊은 가격 조정을 받는 케이스가 별로 없습니다. 그래서 이중바닥이 나오는 케이스가 별로 없는데 그만큼 미국 주식들이 추세가 좋다는 반증입니다. 위에 차트에서 그린 변곡점이 나온 이 가격대에서 이중바닥을 그려 보니 현재 시점에서 이 봉은 이중바닥도 충족을 하고 33이동평균선도 지지되고 있습니다. 두 가지 지지 요인이 이 봉에서 충족됩니다. 그렇다면 이중바닥 지지선 하나만 있는 케이스보다 이동평균선도 같이 지지선으로 작용하고 있기 때문에 상승 확률이 좋다는 가정을 합니다. 또, MACD를 보니 여기서 돌아서 올라가면 패턴 3이 될 수 있습니다. 매수 타이밍이 될 수 있는 지지 요인이 3개입니다. 어떻게 되었을지 이후의 차트를 보여드리겠습니다.

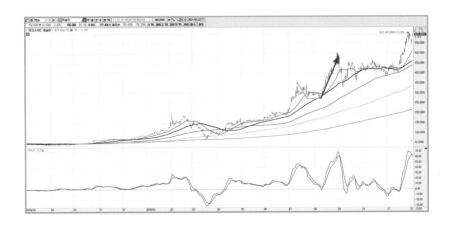

가격이 이중바닥과 이동평균선 지지 이후 정말 크게 올라가고 있는 것을 확인하실 수가 있는데, 반대로 실패하는 케이스도 얼마든지 있습니다. 실패한 사례도 보여드리겠습니다.

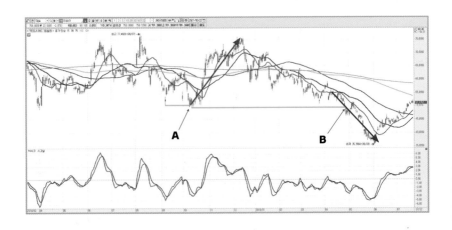

A 지점에서 이중바닥이 나와서 가격이 올라가기도 했지만 이곳의 변곡점을 가지고 또 이중바닥을 그려 보니 A 지점과 같은 가격대가 B 지점입니다. B 지점에서는 가격이 빠져서 스탑당했겠죠? 이렇게 실패할 수 있는 가능성도 충분히 있다는 것을 꼭 인지하셔야 합니다.

이중바닥을 그리면서 한국 주식과 미국 주식도 확인을 해드렸습니다. 실패하는 케이스도 보여드렸는데, 책만 보지 말고 여러분들이 직접 HTS를 실행해서 찾아보는 것이 훨씬 더 중요합니다. 스스로 이중바닥이 성공했을 때는 얼마나 좋고, 실패했을 때는 내가 얼마나 짧은 손실을 보고 나올 수 있었는지를 생각해 보기 바랍니다. 그런 것들에 대한 인식을 스스로 하기 위해서 정말 많은 시간과 노력을 쏟아내야 합니다. 단지 책을 읽는 것에서 끝내지 마시고 꼭 시간을 내서서 지금 공부한 내용을 차트에서 복습해보시기 바랍니다.

11강 12강 매수 디버전스의 이해와 매수 타이밍 - 한국/미국 주식

이번에는 매수 디버전스라는 개념을 설명드리고, 이중바닥과 매수 디버전스를 합쳐서 지지 요인이 한 가지 더 있을 경우 상승 확률이 더 높다는 것을 실제로 보여드리겠습니다. 그다음에 패턴 2의 매수 타이밍에서 가장 강력하게 사용되는 두 가지 이중바닥과 매수 디버전스에 대해서 공부해보도록 하겠습니다.

매수 디버전스란?

가격은 하락하는데 보조지표는 상승하는 현상을 매수 디버전스라고 한다.

매수 디버전스의 개념과 성립 조건을 기억하고 네이버 차트를 보면서 매수 디버전스를 찾아보겠습니다.

패턴 2의 매수 타이밍은 MACD가 0선 이하에서 진행됩니다.

위의 차트에서 패턴 2의 매수 타이밍인 매수 디버전스를 발견하셨나요?

이중바닥과 도지도 함께 발생한 것을 확인할 수 있습니다. 왼쪽 변곡점과 일치하는 MACD의 변곡점, 그리고 오른쪽 변곡점과 일치하는 MACD의 변곡점이 보입니다. 이중바닥임과 동시에 가격은 내려가는데 MACD의 변곡점은 올라가고 있습니다. 즉, '과매도가 되어서 매수할 타이밍이 근접했다'라고 보는 것입니다. 매수 타이밍을 잡을 때 중요한 것 중에 하나는 골든 크로스가 한 번 발생을 하고 데드 크로스가 발생을 해야 한다는 것입니다. 그리고 매수 디버전스의 완성은 오른쪽에서 다시 한번 골든 크로스가 발생해야 합니다. 즉, '골든 크로스 두 개와 데드 크로스 한 개 이상'이라는 매수 디버전스의 성립 조건이 있습니다. 빨간색 MACD 라인은 기준선인 0선을 넘어도 되지만 파란색 라인은 기준선인 0선을 넘어가면 안 된다는 조건이 있습니다. 이와 같은 내용을 가지고 매수 디버전스를 파악해보겠습니다.

매수 디버전스의 특징을 현재 시점에서 본다면 여기에서 이
중바닥도 있고 도지도 발생을 했기 때문에, 이런 지점에서는 리
스크 대비 리턴이 크다고 생각해서 저가매수를 합니다. 그리고
스탑을 일봉 저가 아래에 두었다면 그다음 날 MACD가 올라가
서 골든 크로스를 낼 것이라는 기대를 가지고 포지션을 잡는 것
입니다. 즉, 이러한 규칙성을 발견했을 때만 매수 포인트를 잡는
것입니다. 결과는 어떻게 되었을까요?

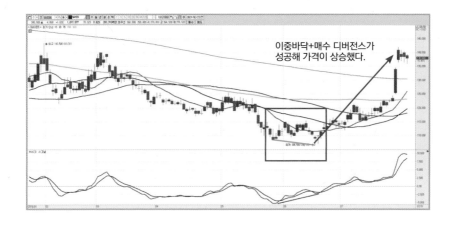

가격이 올라가면서 매수 디버전스가 완성이 되었습니다. 그
런데 여기서 아주 중요한 특징이 있습니다. MACD는 보조지표
입니다. 이동평균선과 가격이 있는 지표를 주지표라고 하는데,
엄밀하게 말하자면 이동평균선도 보조지표입니다. 가격과 이동
평균선과 MACD와 시그널 사이의 관계에서 시차를 따져 보면

가격이 제일 먼저 움직이고 가격을 기반으로 이동평균선이 만들어집니다. 그리고 마지막으로 이동평균선을 기반으로 해서 MACD가 만들어지기 때문에 MACD는 사실 가격의 직접적인 요인이 없습니다. 가격을 기반으로 만들어진 이동평균선으로 MACD가 만들어집니다. 그래서 항상 매수 디버전스와 이동평균선 또는 매수 디버전스와 가격이 일치되는 그런 지지선상에서 매수를 병행해야 할 것입니다. 향후 뒤의 내용에서도 보여드리겠지만, 우리는 이중바닥이 형성이 될 때 60분짜리 차트에서 매수 타이밍을 좀 더 빠르게 잡고 스탑을 작게 놓는 방법으로 여러분들께 매매 타이밍 잡는 방법을 공개를 해드릴 것입니다. 다음의 차트에서 표시한 지점들은 매수 디버전스가 맞을까요? 아닐까요? 생각해보면서 다음 3개의 차트들을 봐주시기 바랍니다.

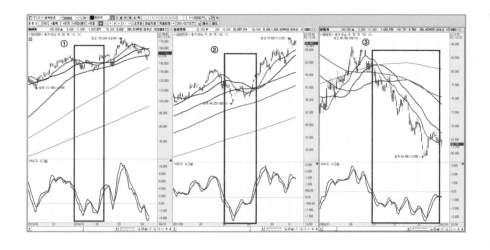

우선 1번의 경우 가격이 하락하고 MACD보조지표는 상승했지만, 기간 내에 파란색 선인 시그널선이 0선을 넘어갔기 때문에 매수 디버전스가 성립하지 않습니다.

2번의 경우 MACD보조지표는 상승했지만 가격 역시 상승했기 때문에 매수 디버전스가 성립하지 않습니다.

3번의 경우는 계속해서 가격이 하락하면서 MACD보조지표 역시 하락하고 있기 때문에 과매도 상태를 나타내는 매수 디버전스가 아닌 일반적인 상황입니다.

세 경우 모두 매수 디버전스가 아닙니다. 계속해서 차트들을 보면서 매수 디버전스를 익혀보겠습니다.

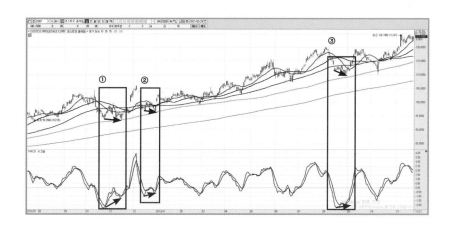

코스트코 홀세일의 차트입니다. 차트에 표시된 3개의 구간들을 하나씩 보도록 하겠습니다. 1번부터 차례로 살펴보겠습니다.

1번 지점은 이중바닥이 성립되는 봉에서 150일 이동평균선의 지지가 함께 있었습니다. 추가적으로 MACD의 변곡점도 상승한 매수 디버전스까지 세 가지의 지지 요인이 존재했던 지점이었습니다. 2번 지점은 시그널선인 파란색 선은 0선 위로 넘어간 구간이 존재하지만, MACD선인 빨간색 선은 0선 아래에 존재합니다. 따라서 표시한 기간에서 가격이 하락하면서 MACD 변곡점은 상승했기 때문에 매수 디버전스가 맞습니다. 3번 지점을 보겠습니다. 아주 작지만 매수 디버전스 조건을 모두 충족한 지점입니다. 2번 지점과 마찬가지로 매수 디버전스 이외에 다른 지지요인이 있었던 것은 아닙니다. 계속해서 매수 디버전스와 응용 개념인 매도 디버전스를 코스트코 홀세일 차트를 보면서 익혀보겠습니다.

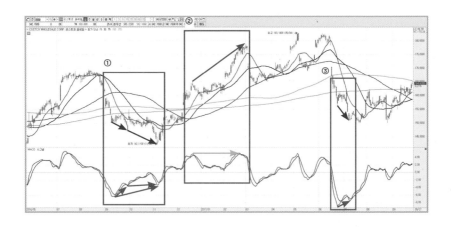

1번 지점은 연속해서 매수 디버전스가 발생한 모습입니다. 계속해서 차트를 보면서 스스로 공부하시다 보면 이와 같이 연속해서 매수 디버전스가 발생하는 것도 찾아내실 수 있을 것입니다. 2번 지점은 좀 더 자세히 살펴보겠습니다. 매수 디버전스의 성립조건 1번인 '빨간색 선인 MACD선이 0선 아래에 있어야 한다'부터 성립하지 않았는데 왜 표시했을까요? 2번 지점은 바로 매수 디버전스의 반대 개념인 매도 디버전스입니다. 과매수가 되어 향후 가격이 하락할 확률이 높은 지점인데 매수 디버전스의 성립 개념을 떠올려 보면서 반대로 생각해보면 됩니다.

가격은 상승하는데 MACD의 변곡점은 낮아지거나 수평인 경우가 매도 디버전스입니다. 2번 지점의 경우 가격은 상승하는데, MACD의 변곡이 수평을 이루고 있기 때문에 매수 디버전스의 반대인 매도 디버전스 현상이 나타난 지점입니다. 3번 지점은 가격이 하락하는데 같은 기간 MACD변곡은 상승한 상황입니다. 처음에는 매수 디버전스가 눈이 익지 않아 잘 보이지 않을 수 있습니다. 반복해서 보고 차트에서 직접 찾아보는 훈련을 하신다면 점점 눈에 들어오게 될 것입니다.

다음은 대표적인 미국 주식 중 하나인 마이크로소프트의 차트에서 매수 디버전스를 찾아보겠습니다.

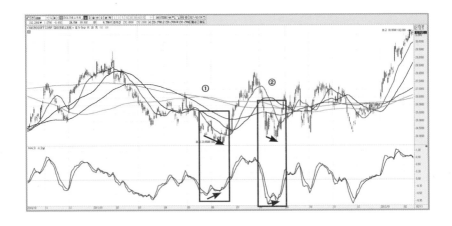

　역시 깊은 가격 조정이 나오면서 MACD가 0선 아래로 깊이 내려간 이후 전형적인 패턴 2에서의 매수 디버전스의 발생을 찾아볼 수 있었습니다. 이외에도 무수히 많은 과거 차트들을 HTS만 실행하면 보실 수 있습니다. 과거의 차트는 좋은 선생님입니다. 열정을 가지고 계속해서 정진해 나가시길 바랍니다.

13강

전고점 돌파 후 지지선이 되는 매수 타이밍

이전 강의에서 매수 디버전스 현상이 한국, 미국 등의 대형 우량주에서 적용되는 현상을 보여드렸고, 매수 타이밍에 대해서도 충분히 설명을 해드렸습니다. 이중바닥과 매수 디버전스가 고점을 돌파한 후에 MACD가 0선 기준선 아래에서 발생될 때 나오는 매수 타이밍을 보여드렸습니다. 간단하게 요약을 드리자면, 신고점을 계속해서 돌파하면서 상승 추세가 생긴 주식이 더 이상 신고점을 뚫지 못하고 가격이 떨어지면서 깊은 가격 조정을 거칠 때 대부분 이중바닥이 나오기 시작합니다.

이중바닥과 매수 디버전스는 바로 이러한 깊은 가격 조정 시점에서 발견되는 매수 타이밍이고, 그런 규칙성과 반복성이 해외 주식에서도 똑같이 적용되고 있음을 발견하실 수 있습니다. 앞으로 이런 규칙성을 잘 몸에 익히고 배우시고 충분히 준비가

되면 해외 시장도 도전하실 수가 있습니다. 해외 시장은 넓고 우리나라 주식보다 훨씬 더 거래대금도 많은 종목들이 수없이 많기 때문입니다. 한국 시장에만 집중하지 마시고 똑같은 기술로 추세가 더 확실하고 좋은 해외 시장에도 눈을 돌려서 우리나라 개미 투자자들이 실력을 향상시키고 국위선양을 할 수 있도록 최선을 다하겠습니다. 이번 강의부터는 온라인 강의 초반부에 말씀드렸듯이 전고점이 돌파되면 지지선이 된다는 기술적 분석의 바이블을 소개하도록 하겠습니다.

위의 붉은색 부분이 바로 전고점이 돌파되면 지지선이 된다는 지점입니다. 이중바닥과 매수 디버전스는 조정 하락 국면에서 보이는 매수 타이밍이라고 보신다면, 전고점이 돌파되면 지지선이 된다는 의미는 상승 추세 국면에서 발견될 수 있는 매

수 타이밍이라고 보시면 됩니다. 이동평균선은 추세선의 변형이고 추세가 생길 때 매우 강력한 매수 타이밍을 보여주고 있다는 것을 꼭 인지를 하셔서 매매하는 데 좋은 지표를 사용하면 될 것 같습니다.

이전 내용을 반복을 해보면 1번 지점이 어떻습니까? 이중바닥에 150일 이동평균선 지지선이 있고 이 봉은 매수 디버전스까지 보이고 있습니다. 10년 전에 나왔던 매수 타이밍 근거입니다. 여기 2번 지점도 이중바닥이 나오고 있습니다. 3번 지점도 이중바닥이 나오고 있고 매수 디버전스가 발견되는 것을 확인할 수가 있습니다. 반복이 조금 되었죠?

이렇게 눈으로만 공부하지 마시고 직접 숨은 그림 찾기 하듯이 규칙성을 반복하시면 훨씬 더 차트 보는 눈이 나아지게 될 것입니다. 이중바닥과 매수 디버전스는 잠깐 뒤로 미뤄 놓고, 상승 추세 국면에서 매수 타이밍 잡는 방법을 보여드리겠습니다. '전고점이 돌파되면 지지선이 된다'라는 것은 지지선이 될 수도 있고 안 될 수도 있다는 것입니다.

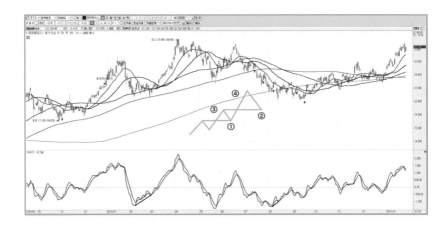

하지만 1번 지점, 2번 지점이 다른 지점에서 매수하는 것보다는 상승 추세가 확인되고 조정받는 국면에 진입을 하신다면 훨씬 더 싸게 주식을 매입해서 장기 보유할 수 있을 것입니다. 싸게 산다는 것의 의미는 누구보다 싸게 샀기 때문에 여유롭게 장기 보유가 가능하다는 의미를 가지고 있습니다. 이 구간에서 제일 싸게 산 사람은 바로 여러분들이겠죠. 하지만 이게 실패한다면 어떻게 될까요? 역시 짧은 손절을 두고 금방 시장에서 벗어나야 된다는 것을 이제 귀에 딱지가 앉도록 들으셨을 것입니다.

　마지막으로 지금 눈에 보이는 2번 지점이 이중바닥과 매수 디버전스 현상을 보실 수가 있었기 때문에 1번 지점은 매수 타이밍, 2번 지점 역시 매수 타이밍이 된다는 것을 여러분들이 이제는 느끼실 수가 있습니다. 이제 차트에서 전고점이 돌파되면 지지선이 된다는 부분을 실제 사례로 보겠습니다.

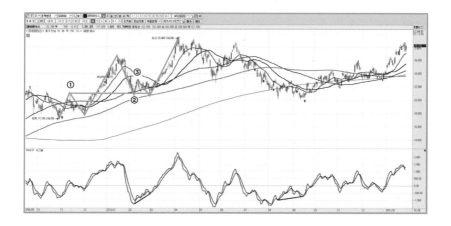

앞의 차트에서 이전고점은 어디일까요? 바로 1번 지점이 되겠습니다. 그 이전고점이 돌파되고 난 다음에 바로 이 2번 지점인 빨간 봉에서 부딪혔죠. 그렇다면 2번 지점 봉의 의미는 전고점이 돌파되면 지지선이 된다는 규칙성을 아주 여실히 잘 보여주고 있는 차트입니다. 여기서 3번 지점만큼 올라갔지만 전혀 손해를 보지 않았겠죠. 왜냐고요? 3~4% 올라가면 40% 이익을 실현하고 밑에 있는 손절을 본전으로 올리고 난 다음에는 장기 투자를 할 수 있는 여유가 생기는 것입니다.

물론 한번 떨어졌다가 올라가는 경우도 있지만, 다시 떨어졌을 때 손절을 본전에 올려놨다면 약간의 이익을 보고 시장에서 빠져나와서 이전에 배운 이중바닥과 이동평균선 지지 매수 디버전스의 규칙성을 가지고 얼마든지 계좌의 손실이 없는 상태에서 다시 한번 짧은 스탑으로 이러한 수익도 누려볼 수 있습니다. 지지선상에서 얼마나 올라갈지는 아무도 모릅니다. 그렇기 때문에 리스크 대비 리턴이 큰 변곡점들을 자꾸 찾아서 확인해보는 게 좋을 것 같습니다. 그림에서는 전고점이 돌파되면 지지선이 되는 지점이 바로 2번 지점이라는 것을 확인해보았고, 또 두 번째로 해당 웨이브의 이전고점은 바로 1번 지점입니다.

1번 지점 전고점이 돌파되었을 때 딱 일치되는 부분이 바로 2번 지점입니다. 역시 도지가 발견되었습니다. 전고점이 돌파되면 지지선이 된다는 두 사례가 나왔습니다. 역시 도지가 나왔습니다. 전고점이 돌파되면 지지선이 되면서 150일 이동평균 지지선도 있었습니다. 바로 2번 지점이 정확한 매수 타이밍이 되겠고 가격은 많이 올랐지만, 이 이후의 오른 부분에 대해서는 언급하지 않겠습니다.

상황마다 다르고 상승 추세가 강할수록 튕겨 올라가는 힘이 더 클 것이라고 논리적인 가설을 세워놓고 상승 추세만을 기다려서 이런 포인트를 잡는 것이니까 얼마나 올라갈지는 개개인의 운과도 맞아떨어지지 않을까 싶습니다. 이렇게 상승 추세가 계속해서 나올 때, 매매 포인트는 바로 전고점이 돌파되면 지지선이 되는 곳이며, 이때 매수 디버전스 이중바닥도 이동평균선 지지선이 보인다면 훨씬 더 큰 상승 확률을 보여줄 수 있습니다.

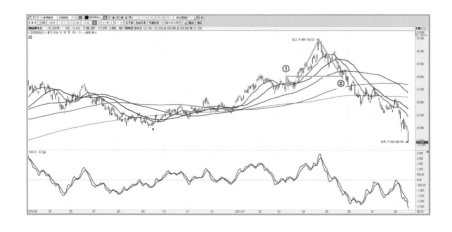

이후에 위의 그림 역시 상승 추세에서 전고점이 돌파되니까 지지가 되었습니다. 해당 그림의 전고점은 바로 1번 지점입니다. 그래서 부딪힌 가격대가 정확히 2번 지점인 날인데, 해당 봉은 전고점 지지선도 품고 있지만 75이동평균선 지지선도 품고 있습니다. 해당 봉의 1/3 아래 지점 약 30,100원에 사고 이틀 뒤 고가가 31,600원까지 올라갔다면 1,500원의 상승이 있었는데 그렇다면 약 5%의 상승이 있었다는 것입니다. 길게 보면 결국 가격이 빠진 것을 확인할 수 있지만 2~3일 동안의 간극을 보면 5%가 상승했습니다. 사고 나서 5%가 올라갔습니다. 5%가 올라가면 2~3% 올라갈 때 매수 금액의 40~50%를 정리하고 손절을 본전으로 올렸다면 전혀 손실을 볼 수 없습니다. 즉, 위험 관리 능력과 이익 관리 능력이 함께 배양되지 않으면 영락없이 당하고 마는 그런 시장의 속성을 보실 수 있습니다.

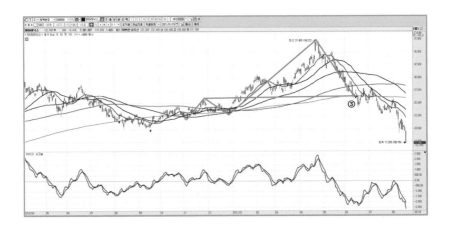

　위의 차트에서 또 전고점을 찾아보시면 정확하게 맞닿는 지점
이 3번 지점입니다. 이 봉에서 도지가 나오면서 전고지지도 있
고, 이동평균선 지지도 있고, 가격은 그 다음다음 날까지 상승을
하고 다시 빠졌다고 합시다. 여러분은 손실은 보지 않고 남의 돈
으로 이익 실현을 하지 않더라도 손절만 올려놨다면 시장에서
아무 피해 없이 빠져나올 수 있었다는 것을 확인할 수 있습니다.

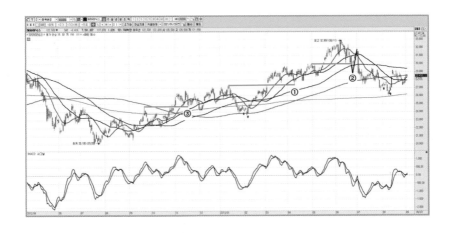

다시 차트를 보며 확인을 해보겠습니다. 상승 추세라서 바로 1번 지점에서 저가가 전고점과 일치합니다. 거기에 도지가 나오고 33이동평균선 지지가 나오고 있습니다. 전고점과 이동평균선 지지가 합쳐져 있는 모습입니다. 전고점과 이동평균선 지지가 합쳐져서 도지가 나오면서 가격이 계속해서 상승하고 있는 모습입니다. 다시 한번 상승 추세에서 전고점이 돌파되는 2번 지점을 확인해보시면 성공하는 케이스도 있지만, 실패하고 가격이 빠지다 결국에는 변곡점을 만들어서 올라가고 있는 모습도 확인하고 계십니다. 시장은 절대 100%가 없다는 것을 말씀드리고 싶습니다. 3번 지점이 있는 차트에서도 보시면 전고점을 그리니까 전고점이 3번 지점에 해당이 됩니다. 해당 봉에서 전고점과 이동평균선이 또 함께 지지가 되고 1/3 부분에서 매수하고 가격이 올랐다가 떨어진다면 역시 손해를 보지는 않는다는 것이죠.

1번 지점을 보면 가격이 고점을 치고 깊은 가격 조정을 보일 때 이동평균선 지지와 매수 디버전스가 있어서 지지 요인이 2개입니다. 이런 지점에서 12강까지 했던 것을 복습하실 수 있고, 또 상승 추세를 계속해서 보면 명확한 변곡점이 보일 때 그 꼭대기 지점을 변곡점으로 이용해서 매수 타이밍으로 충분히 이용할 수 있습니다. 2번 지점 차트에서도 변곡섬을 그려 보면 150일 이동평균선에 부딪히는 봉에서 매수 타이밍을 잡을 수 있는데, 이 매수 타이밍을 잡으면서 2번 지점 봉이 변곡이 될 수 있는 가능성을 보겠습니다. 이 시점을 현재 시점으로 돌려보면 전고점도 있고, 150일 이동평균선 지지선도 있고, MACD가 돌아서 올라가면 매수 디버전스가 될 확률이 있습니다. 그러니까 이 중바닥 전고점 지지 이동평균선 지지 매수 디버전스가 함께 보이는 지점이기 때문에 매수를 할 수 있는 충분한 근거가 되는 타이밍입니다.

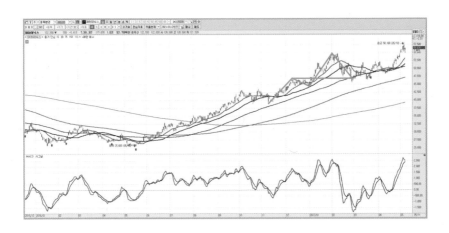

이렇게 상승 추세에서는 여러분들이 전고지점도 매수 타이밍으로 이용할 수 있지만, 전고점이 만들어지고 가격이 계속 하락할 때는 이중바닥과 매수 디버전스로 매수 타이밍을 잡으시고 상승 국면에 이르러서는 전고점과 이동평균선 지지가 되는 앞과 같은 지점을 발견할 수 있습니다. 계속해서 전고점과 이동평균선 지지가 함께 되는 부근을 스스로 발견해서 확인하신다면 좋은 매수 지점으로 충분히 이용할 수 있다는 것입니다. 변곡점에 대한 이해를 반드시 해야 되는 이유는 바로, 변곡점은 지지선과 저항선으로 더불 탑도 보여주고 이중바닥도 보여주는 이익 실현 시점 또는 매수 타이밍을 충분히 보여줄 수 있기 때문입니다.

초반에 변곡점 그리기에 대한 훈련이 얼마나 중요한지 강조해 드렸습니다. 전고점이 돌파되면 매수 타이밍이 된다는 설명을 드릴 때 기본적으로 전고점이 돌파될 때 강한 장대 양봉이 나오거나 갭 업 구간이 나옵니다. 물려 있는 매물대가 전고점을 뚫기 위해서는 굉장히 많은 매수의 힘이 시장에 유입되어야 합니다. 그 원리가 굉장히 많은 매수의 힘이 매도의 힘을 잡아먹고 큰 상승을 보이고 나면 시장도 피로해집니다. 시장도 쉬는 시간이 필요합니다. 그게 바로 전고점까지 쉰다는 것입니다. '전고점까지 쉬고 이 상승 추세가 진짜 상승구면이라면 전고점이 뚫린 지점에서 다시 힘을 응축해서 기존 추세대로 관성의 법칙에 의해서 상승 국면을 이어나갈 것이다', '전고점이 돌파되면 상승 추세가 된다'라는 말이 굉장히 의미가 있는 말입니다. 강한 장대 양봉으로 전고점을 뚫고 강한 상승이 이어졌지만 결국에는 쉬었다 가게 됩니다. 그 쉬어가는 지점이 중요한 매수 포인트라고 여겨지는 이유입니다.

지금 SK하이닉스에서 상승 국면에 대한 이야기를 했고, 앞과 같은 지점에서 매매를 못했다고 해도 '전고점이 돌파되면 지지선이 된다' 또는 이동평균선도 같이 지지선이 있고 매수 디버전스도 같은 봉에서 지지선이 나온다면 리스크 대비 리턴이 큰 지점으로 생각하고 한번 매수 타이밍으로 충분히 이용할 수 있다는 겁니다. 이러한 매수 타이밍 방법은 제가 해외선물 원자재선물 외환 시장에서 충분히 응용을 해서 한국 시장에 대형 우량주, 미국 시장에도 대형 우량주에서만 적용을 하니까 그 확률이 매우 높다는 것을 발견해서 여러분들한테 설명을 드리고 있는 중입니다.

상승 추세일 때 여러분들이 중요한 변곡점을 하나 발견해놓으셨다면 기억해놓으시고 이렇게 수평선을 그려서 매수 타이밍으로 이용하실 수 있습니다. 그런 지점들에서 매매를 하신다면 리스크 관리와 함께 상승 추세에서도 얼마든지 여러 종목에서 매수 타이밍을 만나보실 수가 있을 것입니다. SK하이닉스 한 종목만을 가지고 전고점이 돌파되면 지지선이 된다는 것을 말씀 드렸는데, 뒤에서 전고점이 돌파되면 지지선이 되는 매수 타이밍을 코스피 또는 네이버/카카오에서 확인을 하고 해외 주식에서 보여지는 전고점이 돌파되면 지지선이 되는 똑같은 규칙성을 함께 보도록 하겠습니다.

14강

전고점 돌파 후 지지선이 되는 매수 타이밍/미국 주식 등

    이전 강의에 이어서 이번 강의에서도 '전고점이 돌파되면 지지선이 된다'라는 내용을 복습해보겠습니다. 전고점의 매물대를 소화하느라 굉장히 많은 양의 돈이 시장에 형성이 되는데요. 전고점을 뚫고 신고점을 만들어 힘을 발산하면 쉬어야 합니다. 전고점을 돌파한 많은 양의 매수 대금이 시장을 올려놨지만 역시 휴식 기간을 갖춰야 하기 때문에 '전고점이 돌파되면 지지선이 된다'라는 가설이 매우 합리적이라고 생각이 됩니다. 이러한 가설을 차트상에서 어떻게 발견을 하느냐는 훈련에 의해서 충분히 가능합니다.

    중학생들도 시켜 봤고 고등학생들도 시켜 봤는데, 차트에서 잘 찾고 실제 매매에 적용하면 여러 번 매매하면서 실전에서 쌓이는 감각을 잘 응용해서 배움과 관리를 해 충분히 잃지 않는 투자를 하실 수 있다는 것을 다시 한번 말씀드리고 싶습니다. 이번 시간에는 우리나라 종합주가지수에서 발생되는 전고점이 지지선이 되는 현상을 다른 나라 주식에서도 똑같이 볼 수 있는지 그 규칙성을 보여드리도록 하겠습니다.

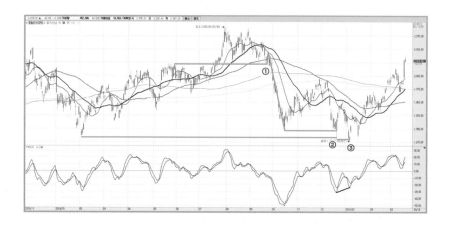

먼저 코스피 지수를 살펴보겠습니다. 2014년 5월 고점이 돌파가 됩니다. 이후 처음 부딪히는 봉이 바로 1번 지점입니다. 이 날짜가 2014년 9월 24일입니다. 그런데 마찬가지로 전고점만 있는 것이 아니라 75일 이동평균선이 같은 봉에 자리매김을 하고 있어서 실제로 가격은 여기서부터 어느 정도 올랐기 때문에 이런 정도라면 결과적으로 떨어졌지만 관리를 하게 되면 손해는 보고 나오지 않습니다.

2번 지점에서는 이중바닥이 또 발견이 되었습니다. 해당 지점은 3번 지점과도 이중바닥이 되면서 두 개가 겹치는 지점입니다. 이렇게 지지선이 겹칠 때는 아래 지지선에 올 때까지 기다린다고 말씀을 드렸고, 3번 지점 같은 경우는 특히 이중바닥과 동시에 매수 디버전스 현상도 발생되는 것을 확인할 수 있었습니다.

상승 추세에서 여러분들이 매수 타이밍을 잡을 때 변곡점을 그려 보면, 전고점을 상승돌파한 후 처음 부딪히는 1번 지점에서 이동평균선 지지선과 만나면서 여지없이 전고점 지지선도 형성이 되었고, 그다음에는 가격이 상승하는 모습을 보이고 있습니다. 이렇게 상승 추세에서는 종합주가지수에서도 여지없이 전고점이 지지되면 지지선이 되는 현상을 볼 수 있습니다.

마찬가지로 2번 지점도 중요한 전고점으로 보이는데 안타깝게 바로 상승하지 못하고 가격이 더 빠져서 스탑 아웃을 하고 나왔을 것입니다. 실패할 경우를 대비해서 짧은 손절과 함께 매수 시도를 할 수 있다는 것을 보여드리고 있습니다.

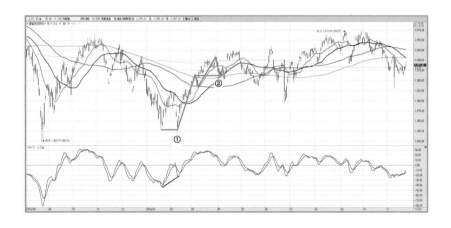

상승 추세에서 종합주가지수를 따라 오른쪽으로 가다 보면 1번 지점에서도 이중바닥과 매수 디버전스 현상이 함께 발견이 되었고, 전고점이 돌파되면 지지선이 된다는 논리가 여지없이 발견되고 있습니다. 전고점이 돌파되어 가격이 상승할 때 바라만 보고 있는 것이 아니라, 전고점과 이동평균선이 지지되고 결국에는 3일 만에 떨어졌지만 이 정도의 상승을 보이면 거의 바닥에서 잡기 때문에 손해를 보지 않고 시장이 주는 다음 기회를 노려볼 수 있습니다.

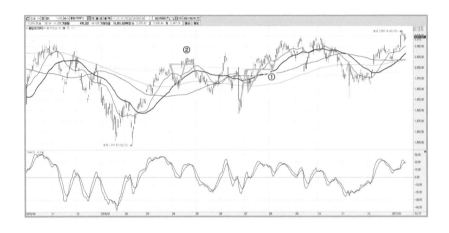

저는 이미 많은 시행착오를 거쳐서 눈으로 변곡점을 찾아내는 훈련을 했지만, 여러분들은 일일이 변곡점을 그려가면서 전고점과 이동평균선이 함께 지지되고 상승하는 모습을 확인할 수 있습니다. 여러분들이 궁금해하시는 부분이 2번 지점입니다. 이것도 전고점이 돌파되는 것 아닌가요?

전고점이 돌파되는 것은 맞는데 전고점을 돌파하려면 어느 정도 크게 상승을 하고(물론 크다는 것도 주관적이지만) 쉬었다 가는 지점이어야 매수 타이밍으로 이용합니다. 이런 식으로 전고점을 뚫고 내려간다고 해서 이것을 매수 타이밍으로 잡기는 참 애매합니다. 그래서 누가 봐도 충분한 상승을 했다고 인정하는 그러한 전고점을 찾아내시는 것도 중요하다고 볼 수 있습니다.

이렇게 계속해서 상승 추세가 이어지다가 여러분들도 발견하신 것처럼 1번 지점에서 수평선을 그려 보면 이 지점에서 전고점이 돌파합니다. 아쉽게도 이 지점에서 다시 올라갈 줄 알았지만 2~3일 뒤에 떨어지고 난 다음에 가격이 올라갔습니다. 역시 이중바닥과 마찬가지로 하루 만에 올라갈 수도 있겠지만, 1번 지점에서 내려오면서 도지가 나오고 전고점이 발견이 되는 지점을 우연히 또 발견을 했습니다. 이런 것처럼 여러분들이 하루 만에 전고점이 되고 바로 올라가면 정말 매매하기가 꽃길이겠죠. 하지만 지금 보시는 것처럼 전고점이 돌파되고 이동평균선 지지선이 되었지만, 2~3일 뒤에나 가격이 이렇게 다시 오르고 있는 모습을 보실 수도 있습니다.

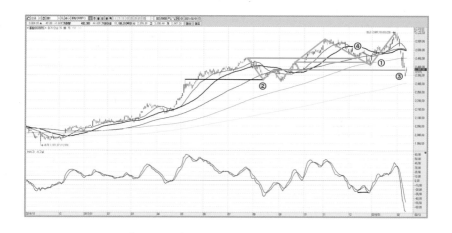

　1번 지점은 이동평균선이 지지가 되고 매수 디버전스가 보이고 있습니다. 이동평균선 지지선과 매수 디버전스가 있기 때문에 여기에서 전고점 지지가 실패하더라도 2~3일 뒤에 여기서

다시 한번 매수 시도를 해서 이 변곡을 잡아낼 수 있었다는 것입니다. 임기응변으로 대처하는 것이 아니라 정확한 규칙성을 가지고 대응을 한다는 것을 꼭 염두를 해두셔야 됩니다. 또한 3번 지점이 매수 타이밍이 되지 않느냐고 하실 수 있겠지만 엄밀하게 보면 해당 웨이브의 전고점은 앞에서 이미 닿은 것을 확인할 수 있습니다. 추가적으로 2번과 4번 지점 역시 전고점이 될 수 있다는 것을 알 수 있습니다.

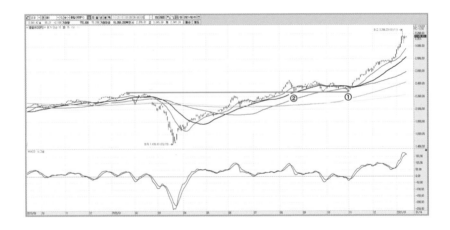

종합주가지수에서 상승 국면의 전고점을 찾는 모습을 보여드렸고, 최근 서너 달 사이에 이중바닥이 이렇게 위와 같이 두 번 나오게 되었습니다. 실제로 매수 타이밍에 이용을 했고 1번 지점은 이중바닥과 이동평균선 지지선 두 개가 겹쳐지는 타이밍이었다는 것을 확인하실 수 있습니다. 또한 2번 지점을 보시면

전고점과 이동평균선 지지선이 함께 맞부딪히는 지점으로 활용
을 해서 매수 타이밍으로도 이용을 했던 전력이 있습니다.

　미국 주식으로 가보겠습니다.

　어도비시스템즈라는 회사입니다. 상당히 상승 추세가 강합니
다. 1번 지점에서 전고점도 있고 이동평균선 지지선도 있어서
상승하는 국면을 보실 수 있습니다. 2번 지점은 이중바닥과 이
동평균선 지지선이 있었기 때문에 규칙성에 맞는 매수 시점이
될 수 있었습니다.

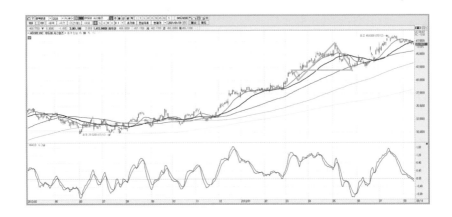

　전고점을 찾아보도록 하겠습니다. 미국 주식의 상승 추세가 강하기 때문에 상승 국면에서 전고점과 이동평균선 지지를 많이 찾아볼 수 있습니다. 위의 그림에서도 전고점과 이동평균선 지지, 도지가 함께 나왔습니다. 이렇게 여지없이 제가 말씀드린 규칙성들이 하나씩 맞아떨어지는 현상을 여러분들도 확인하실 수가 있습니다.

전고점과 이동평균선 지지가 있고 대부분의 패턴 3은 33 이동평균선 지지와 MACD가 0선에서 다시 시그널선을 상승 돌파하는 타이밍을 패턴 3구간이라고 합니다. 패턴 3을 배우지 않은 상태에서는 전고점과 이동평균선 지지가 맞물리는 것만 볼 수 있었지만, 패턴 3을 다음 챕터에서 공부하신다면 전고점과 이동평균선 지지 패턴 3도 함께 지지 요인이 되어서 상승 국면으로 이끄는 것을 보실 수가 있습니다.

1번 지점은 전고점과 이동평균선이 지지되고 도지가 만들어져, MACD가 여지없이 0선에서 시그널선을 상승 돌파하는 모습을 보실 수 있습니다. 또 오른쪽으로 가서 고점에서 수평선을 연결해보면 2번 지점의 경우는 스탑아웃이 된 것입니다. 또한 3번 지점은 이중바닥과 매수 디버전스가 형성이 되고 여지없이 바닥이 되어 살짝 올라갔다가 가격이 더 빠지긴 했지만 계좌 손해는 없을 거라고, 누차 관리와 대응을 통해서 그러한 면을 확인할 수 있을 거라고 말씀드렸습니다. 고점이 하나 만들어지고 다시 신고점이 돌파되었는데 전고점을 연결해서 이어보면 정확하게 어느 날에 마주쳐서 다시 상승을 했다가 빠지고 있는 모습을 보실 수가 있습니다. 4번 지점은 이중바닥인 줄 알았는데 안 닿았네요. 이중바닥에 오지 않았기 때문에 매수를 할 이유가 없다고 볼 수 있습니다.

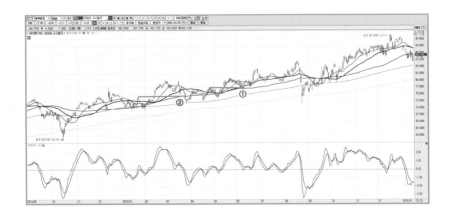

위의 차트에서 오른쪽으로 진행을 해서 상승 국면의 모습을
보시면 1번 지점처럼 고점이 하나 만들어지고 신고점을 만들고
수평선을 그으면 이동평균선 지지와 전고점이 똑같이 일치하
고 있습니다. 물론 2번 지점에서도 마찬가지입니다. 이동평균
선 지지와 전고점이 있지만 이 케이스는 짧은 손실을 보고 나오
면 되겠고, 앞서 말씀드린 1번 지점은 전고점과 이동평균선 지
지 그리고 패턴 3 세 가지 지지 요인이 함께 일치하는 국면입
니다. 미국 주식에서 상승 추세가 특히나 많기 때문에 전고점
과 이동평균선 지지 지점이 굉장히 많이 발견된다는 것을 확인
할 수 있습니다.

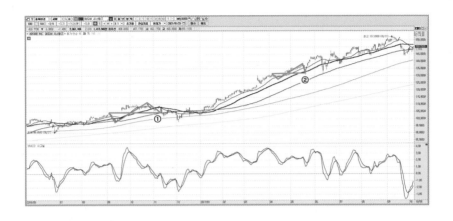

　1번 지점에서도 전고점이 만들어지고 이동평균선이 지지되는 지점에 가격을 보고 여기에서 매수를 하신다면 가격이 어느 정도 상승 후 내려갔기 때문에 더 이상 큰 손해는 보지 않으셨을 거라고 생각이 됩니다. 또 오른쪽으로 차트를 옮겨간다면 조그만 변곡점들이 보이는데, 이런 변곡점들이 클수록 다른 사람들 눈에도 그 변곡점이 보이겠죠. 2번 지점처럼 전고점과 이동평균선 지지가 모이는 지점을 매수 타이밍으로 이용해서 약간의 이익을 챙기고 나올 수 있는 포인트로도 생각할 수 있습니다. 상승 추세가 뻗어가면 계속 0선 근처에서 올라가는 패턴 3의 형태를 확인할 수 있고 패턴 3의 형태가 되면서 33이동평균선이 지지가 될 때 매수 타이밍으로 얼마든지 이용할 수 있다는 것입니다.

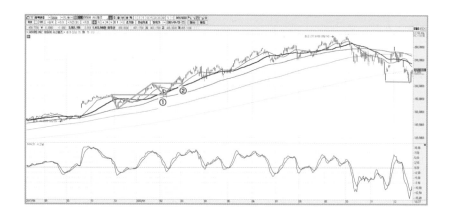

　　위의 차트 역시 더 오른쪽으로 가보면 1번 지점에서도 전고점
과 이동평균선이 맞물리는 지점이 있고, 2번 지점에서도 전고
점과 이동평균선이 맞물려서 매수 타이밍이 발생하는 것을 여
러분께서 확인하실 수가 있습니다. 변곡점이 크게도 있고 조그
맣게도 있으니, 스스로 직접 자를 이용해 그어 보면서 규칙성을
느끼신다면 매매하시는 데 훨씬 더 눈이 많이 뜨이실 것입니다.
　　위의 차트의 끝부분을 보시면 오랜만에 이중바닥이 나온 것을
확인하시고 도지가 나온 것도 확인할 수 있었습니다. 오른쪽으
로 좀 더 가서 미국 주식에서 보이는 도지 현상, 전고점이 돌파
되면 지지선이 된다는 현상을 볼 수 있었습니다.

　　중국 차트를 보도록 하겠습니다.

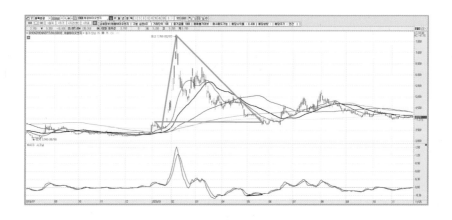

　해왕바이오엔지라는 회사입니다. 중국 차트에서는 거래량이 많지 않기 때문에 한두 개 종목만 보고 전고점을 찾아서 소개를 해드릴 텐데 위의 차트는 어떻습니까? 전고점이 돌파되니까 지지선이 되는데 해당 지점은 매수 디버전스도 나왔습니다. 해당 봉은 전고점이 돌파되어서 지지선이 되는 이 봉은 전고점뿐만 아니라 매수 디버전스 또한 있습니다. 정리하자면 처음에 이중바닥을 말씀드렸고, 두 번째 매수 디버전스 현상을 말씀드렸고, 세 번째 이동평균선을 말씀을 드렸습니다.

　이동평균선은 계속 눈에 보이기 때문에 직접적으로 언급은 하지 않았지만 항상 중요한 추세선으로 작용한다는 것을 말씀드렸고, 매수 디버전스 현상을 말씀드렸습니다. 다음 강의에서 패턴 3에 대한 말씀을 드리면 이제 총 다섯 가지의 매수 타이밍을 배우시는 것입니다. 그 다섯 가지들 중 하나는 이중바닥과 전고점이 될 수도 있고, 이중바닥과 이동평균선, 매수 디버전스가 한 지점에 모일 수도 있고, 또 어떤 지점은 다섯 가지 지지 요인이 모두 모일 수도 있습니다. 이렇게 이중바닥과 매수 디버전스는 패턴 2의 매수 타이밍을 잡는 것이고, 전고점과 이동평균선 지지는 패턴 3에서 매수 타이밍을 잡는 것입니다.

상승 추세에서 매수 타이밍을 잡는 것이고, 이중바닥과 매수 디버전스는 상승 추세의 깊은 가격 조정에서 잡는 것입니다. 그리고 마지막으로 N자형은 패턴 1에서 매수 타이밍을 잡는 것인데, 패턴 1에서 실제로 매수 타이밍을 잡기가 매우 어렵습니다. 저도 30여 년간 패턴 1을 연구해왔지만, 패턴 1을 찾아내기는 쉽지만 실제로 매수 타이밍을 잡아서 큰 수익을 누리기까지 굉장히 많은 시행착오를 겪었습니다.

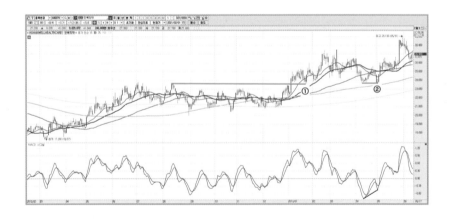

앞의 인복의약 차트에서도 전고점이 돌파되면 지지선이 되는 그런 원리를 한번 발견해보겠습니다. 바로 1번 지점입니다. 해당 지점에서 역시 전고점이 돌파되어 이동평균선 지지선과 만나서 가격이 상승한 것을 볼 수 있습니다. 또 하나 발견될 수 있는 것이 2번 지점인 이중바닥과 매수 디버전스 현상입니다. 이렇게 전고점이 돌파되면 지지선이 된다는 원칙이 1번 지점에도 여지없이 작용하고 있습니다.

이상으로 해외 주식과 코스피 종합주가지수에서 보여지는 전고점이 돌파되면 지지선이 된다, 라는 사례를 공부했습니다. 여러분들도 직접 그려 왔던 것들을 다시금 보며 공부한다면, 지금까지 했던 차트 분석을 뛰어넘어서 여러분의 눈이 훨씬 더 밝아질 거라고 장담합니다. 이제 여러분의 몫입니다.

15강 얕은 가격 조정인 P3을 이용한 매수 타이밍

지난 강의에서는 전고점 돌파 후 지지선이 되는 타이밍에 대해서 한국 주식, 미국 주식, 중국 주식에서 살펴보았습니다. 정확한 매수 타이밍이 어느 일봉에서 보여지는지를 확인해보았는데, 이번 15강에서는 일맥상통하는 방법으로 MACD의 특성을 이용해서 타이밍을 잡아보겠습니다.

추세 생성 시 MACD의 특성은 기준선 0선이 중요합니다. 상승 추세일 때는 MACD가 0선을 기준으로 0선 위에서 형성되어 0선 아래로 잘 내려가지 않는 특성이 있습니다. 기준선 0선 아래로 깊은 가격 조정이 이어질 때는 이중바닥과 MACD의 특성을 이용해서 깊은 가격 조정인 패턴 2 구간에서 매수 타이밍을 잡는 부분을 확인했습니다. 이제 실제 차트에서 패턴 3의 특성을 이용해서 매수 타이밍을 보도록 하겠습니다.

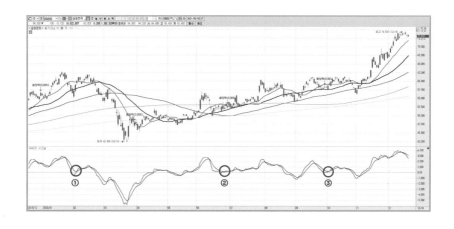

　위의 삼성전자의 차트에서 MACD만을 놓고 봤을 때, 상승 추세인 차트에서 영역을 보시면 대부분 MACD가 0선 위에서 움직이고 있는 모습을 확인할 수 있습니다. MACD가 0선 근처에서 다시 0선 위로 올라가는 부분이 어떤 부분인지 여러분과 제가 한번 찾아보도록 하겠습니다. 일단 바로 1번 지점이 0선 근처에서 올라가는 지점이고, 2번 지점도 마찬가지로 0선 근처에서 올라가는 지점입니다. 또한 3번 지점도 0선 근처에서 올라가고 있는 지점입니다.

　이런 지점들을 패턴 3으로 인식하는데, 패턴 3이 다른 여타 매매 방법보다는 매수 타이밍 잡기가 약간 어렵습니다. 왜냐하면 바로 올라가지 않고 며칠 동안 지지선 가격대를 형성하고 있기 때문에 해당 가격대를 보면서 최초 매수 시점을 잡는 것이 약간은 어려울 수도 있습니다. 하지만 찾아보는 훈련을 많이 해보신다면 그다지 어려운 부분은 아니라고 생각이 됩니다.

2번 지점 부분에서 MACD가 0선 위로 올라왔다가 0선 근처로 내려와서 다시 한번 0선 위로 올라가면서 가격이 상승하는 모습을 보일 수 있습니다. 바로 올라가지 않고 며칠 동안 지지선 가격대를 형성하다가 올라간 것입니다. 매수 타이밍을 잡기 어렵다고 느끼실 수도 있는데, 2번 지점에서 정확한 매수 타이밍은 33이동편균선에 최초로 닿는 일봉이라고 할 수 있습니다. **패턴 3의 최적 매수 타이밍은 33이동편균선 최초로 닿는 지점이라는 것을 명심하시길 바랍니다.**

위의 차트를 보면 1번 지점 MACD가 0선 근처에서 가격이 상승했다가 떨어지고 있습니다. 상승 추세가 전고점을 돌파하고 1번 지점의 봉은 전고점과 이동평균선이 여러 개가 일치하는 지

점입니다. 그렇다면 여기서 MACD가 0선 근처로 더 내려왔다가 올라간다면 전고점 이동평균선 패턴 3의 특징을 보이고 있는데, 일단 전고점이 없다고 가정을 해도 33이동평균선과 MACD가 패턴 3의 특징을 가지고 있는 지점입니다.

다시 1번 지점을 보면 다음 날 가격이 올라갔는데 MACD는 오히려 조금 더 떨어졌습니다. 이유는 가격을 시발점으로 해서 이동평균선과 MACD 시차를 보면 MACD가 제일 늦게 움직이기 때문입니다. 그렇기 때문에 이동평균선 중에서 33이동평균선과 MACD가 0선 근처에서 다시 올라갈 때가 제일 중요합니다. 결과적으로 성공하려면 MACD가 0선 위에서 시그널선을 상승 돌파하는 모습을 보여주어야 합니다. 가격이 더 진행이 되고 있을 때 결과적으로는 MACD가 골든 크로스가 나면서 올라가면 더 좋은 모양이었지만, 한 번 더 가격이 내려왔다가 골든 크로스가 나면서 올라가는 경우도 있습니다. 그렇다면 33이동평균선을 처음 닿는 봉과 MACD가 0선 근처에서 상승으로 돌 것을 기대하고, 즉 예측을 하고 이 지점에서 낮은 가격에 매수 타이밍을 잡고 그 밑에 스탑을 놓는 방법으로 패턴 3의 매수 타이밍을 잡아낼 수가 있습니다.

차트를 계속 보면 2020년 8월인 2번 지점에서 가격이 다시 33이동평균선에 닿았습니다. MACD가 0선 근처로 내려오고 있고 여기에서 다시 올라간다면 다른 곳에 매수를 하는 것보다는 얕은 가격 조정이 진행이 될 것이라는 것을 미리 기대하고 2번 지점에서 33평에 처음 닿는 지점에 매수 타이밍을 잡을 수 있습니다. 물론 여기에서 가격이 조금밖에 안 올라가고 떨어졌다가 다시 최종적으로는 변곡을 만들고 상승을 했지만, 2번 지점도 전고점과 이동평균선 지지선이 맞물리는 봉이었기 때문에 해당 봉에서 매수를 잡고 위험 관리를 했다면 최소한 손해는 보지 않을 것입니다. 왜냐하면 그다음 봉에 가격이 올라갔다가 빠졌기 때문입니다. 이익 실현을 하지 못하더라도 손절 관리를 통해서 손절을 조금 더 상향시켰다면 최소한 손해는 보지 않고 시장에서 빠져나올 수 있었을 거라고 생각이 됩니다.

3번 지점을 보시면 최종적으로 33이동평균선에 닿았으며 도지도 만들어졌습니다. MACD가 다시 0선 근처에서 올라갈 확률이 있는 지점이라고 생각해서 이 지점 역시 패턴 3구간으로 가

격이 33이동평균선에 처음 닿을 때 매수 타이밍으로 활용하는 방법인데, 패턴 3을 보면 결국에는 이 최저가가 뚫리지 않고 0선에서 골든 크로스가 나면서 패턴 3이 성공하는 모습을 보실 수 있습니다. 하루 만에 지지선에 닿고 올라가면 정말 매매하기 편하겠죠. 반복되는 전고점과 이동평균선 지지 패턴 3의 특성을 이용해서 하루 만에 이렇게 깔끔하게 바닥을 잡고 상승 추세를 향유할 수 있다면 좋겠지만, 3번 지점처럼 약 3~4일 동안의 가격 흐름을 보이면서 살아 있는 장에서는 6일을 버티고 난 다음에 가격이 상승 국면으로 이동을 하는 경우도 있습니다. 이렇게 여러분들이 시간을 기다리기는 쉽지가 않습니다. 그래서 여러 번 매수 시도를 하기 위해서는 첫 매수 때 손실 관리를 잘해서 다음번 매수에서라도 패턴 3이 성공할 수 있으니 매수를 해보는 훈련을 통해서 인내심을 길러야 합니다.

삼성전자의 다른 상승 추세 국면을 보도록 하겠습니다. 앞의 동그라미가 있는 지점에서는 보시다시피 MACD가 0선 근처에서 진행이 될 때 셋째 날이 지나고 난 다음에 가격이 상승했습니다. 저희는 보통 33이동평균선 첫째 날에 매수 타이밍을 잡는데, 이 첫째 날에 매수하는 이유는 MACD가 0선 근처에서 다시 상승을 할 것이라고 예측을 하기 때문입니다. 그런 컨디션이 왔을 때 첫째 날 매수를 했다면 분명히 그다음 날 손절에 털렸을 것입니다. 그래서 첫째 날 매수하고 두 번째 날 손절에 털리고 조금 전 6일 전에 패턴 3의 경험들이 뇌리에 있다면 매매를 포기하는 것이 아니라 셋째 날, 넷째 날에도 짧은 스탑으로 계속 매수 시도를 해야만 결국에는 변곡점을 잡을 수 있을 것입니다. 삼성전자에서 패턴 3의 개념을 말씀드렸는데 이번에는 카카오 차트로 가보겠습니다.

카카오 차트를 보면 현재 패턴 3의 해당되는 부분이 바로 1번 지점입니다. 이 영역에서 MACD가 0선 위에 있는 것을 확인할 수 있습니다. 실제 가격에서는 패턴 3에 처음 33이동평균선에 처음 닿는 구간인 화살표 지점에서 매수를 하면 됩니다. 추가적으로 1번 지점은 전고점이 33이동평균선에 닿는 날에 똑같이 적용을 하고 있기 때문에 전고점 33이동평균선 지지 패턴 3의 형태도 가지고 있습니다.

2번 지점에서도 화살표 지점이 패턴 3의 지점이라는 것을 확인하실 수 있을 겁니다. 패턴 3은 대부분 33이동평균선상에 지지될 때 패턴 3과 같이 확률이 높아지는 특징을 가지고 있습니다. 3번 지점에서도 패턴 3이 최초의 33이동평균선에 닿고, MACD는 0선 근처에 있는 모습을 보였습니다. 여기서 만약 가격이 상승해서 올라갔다면 패턴 3이 이곳 영역처럼 상승 국면으로 이어갔겠죠.

하지만 여기서 가격이 잠깐 오르다가 다시 빠지는 형태를 보이고 있습니다. 여기서 우리가 33평선에 처음 닿는 봉의 1/3 아래 지점에 매수한 다음에 가격이 올라갈 때 이익 실현을 일부 하고 손절을 본전쯤으로 올렸으면, 더 이상 손해는 없이 하방을 완벽하게 막아 다음 매매 계획을 세울 수 있었습니다.

다음에 이어서 패턴 3 구간을 보시면 바로 4번 지점입니다. 해당 지점에서는 2개의 봉이 패턴 3과 맞물립니다. 그렇다면 첫째 매수 타이밍을 잡는 시점은 33평선에 닿는 봉이라고 할 수 있습니다.

　차트를 좀 더 정확하게 보시면 동그라미 친 부분의 음봉이 33
이동평균선에 닿지 않았습니다. 해당 봉이 33이동평균선에 닿
지 않았기 때문에 그다음 날 가격이 33이동평균선에 닿으면 매
매를 하려 했는데 전고점이 조그맣게 있는 것을 발견할 수 있
습니다.

　이럴 때는 어떻게 해야 할까요? 33이동평균선도 닿았고 MACD
가 돌면 패턴 3이 되기 때문에 매매를 해야겠다고 마음을 먹으
실 수도 있고, 33이동평균선도 지지되고 좀 더 내려와서 전고점
을 터치할 때 매수 액션을 취하겠다고 생각할 수도 있습니다. 그
두 가지는 여러분의 선택입니다.

파란색 음봉 다음 봉에 33이동평균선도 닿고 패턴 3도 보이
는 위의 동그라미 부분에서 매수를 하고, 바로 밑에 스탑을 뒀
다면 그다음에는 가격이 상승하는 모습을 보실 수가 있습니다.
지금까지 한국 주식 카카오와 삼성전자에서 보셨는데, 다음에
는 미국 주식에서 같은 형태의 패턴 3을 소개시켜드리겠습니다.

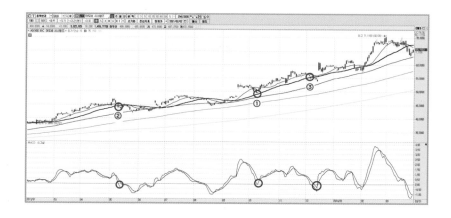

미국 주식의 어도비 시스템즈입니다. 어도비 시스템즈 차트를 보면 1번 지점에서 33이동평균선에 닿은 것을 볼 수 있습니다. 15이동평균선과 33 75이동평균선이 우상향하는 국면에서 어느 정도 간격이 있는 상태에서 33이동평균선에 최초로 닿고 MACD가 상승으로 돌아서게 된다면, 하루 만에 상승 국면으로 진입하는 어도비 시스템즈의 매수 타이밍을 볼 수가 있습니다.

2번 지점은 실패는 했지만 결과적으로 실패는 아니라고 볼 수 있습니다. 왜냐하면 해당 매수 타이밍이 되는 날에 1/3 밑의 지점에서 매수를 하고 아래에 스탑을 놨다면 스탑에 털리지 않고 계속해서 상승을 약간 했습니다. 이 가격대는 대략 4~5% 정도 되는데 이 정도만 올라가도 전혀 손해는 보지 않고 시장에서 빠져나올 수 있습니다. 그 이야기는 계속해서 힘을 축적할 수 있다는 말이겠죠.

어도비 시스템즈에서 패턴 3의 국면을 살펴봤는데 패턴 3의 국면이 다시 한번 나오는 곳이 바로 3번 지점입니다. 양일간 33이동평균선 지지를 아래로 또는 위로 최초 지지하고 있는 두 개의 봉을 확인할 수가 있고, 여기에서 MACD가 돌면 패턴 3이 완성될 것이라는 생각을 할 수 있습니다. 실제로는 가격이 하루 정도 빠졌다가 조금이라도 올라갔기 때문에 손절 관리를 잘했으면 손실을 보지 않고 약간의 이득으로 빠져나올 수 있었을 겁니다. 이렇게 패턴 3은 아주 다양한 형태가 있습니다. 이런 패턴 3의 형태를 다음 챕터에서는 여러 다양한 차트를 통해 확인을 하고 패턴 3에 대한 이해를 마무리한 다음, 일봉 차트와 60분봉 차트를 조합해서 여러분들께 실시간 매수 타이밍을 소개해드리겠습니다.

16강

이중바닥 Double bottom 과 60분봉 차트를 결합한 실시간 매수 타이밍/한국 주식

이제부터는 여러분들에게 제가 개발해서 사용하고 있는 매수 시그널을 활용해서 일봉 차트와 60분봉 차트에서 실시간으로 매수 타이밍을 잡는 방법을 가르쳐드리도록 하겠습니다.

이번 강의의 주제는 이중바닥과 60분봉 차트를 결합해서, 실시간으로 60분봉 차트에서 어떻게 매수 타이밍을 잡고 스탑 지점은 어디에다 설정해야 하는지 살펴보도록 하겠습니다. 집중해서 차트 화면을 봐주시면 좋겠습니다.

　먼저 한국 주식에서 하이트진로를 보겠습니다. 하이트진로에서는 2번 지점인 10월 27일에 이중바닥이 나왔습니다. 10월 27일이 정확하게 이중바닥에 처음 닿는 지점인데, 이날의 60분봉 차트를 보시면 1번 지점에서 매수 시그널이 정확하게 발생을 했습니다. 결과적으로 가격이 높게 끝나면 매수 시그널이 확정이 되어 그다음 봉부터는 가격이 형성되는데, 실시간으로 반짝반짝거리기 때문에 매수 타이밍으로 잡기가 아주 용이할 것입니다. 다시 설명으로 돌아와서 2번 지점에서 이중바닥이 나왔을 때 60분상에서 매수 시그널이 나오면 시그널의 중간쯤에 매수를 한다고 가정하시고 60분 시그널이 발생한 이전 저점 한 틱 밑에 스탑 가격을 설정해놓으면 됩니다.

　물론 이전에도 시그널이 나왔지만 중요한 것은 이중바닥이 충족되는 일봉의 날에 60분봉 시그널이 나와야 한다는 것입니다.

26일도 나왔고 23일도 시그널이 나왔지만 무시하시고, 일봉 차트상 이중바닥이 나오는 그날에 시그널이 발생 시 매수하면 되는데, 이때 또 한 가지 3번 지점처럼 60분봉 차트상에서도 매수 디버전스 현상이 나왔다는 것입니다. 60분봉 차트상에서도 매수 디버전스 현상이 나오면 올라갈 확률이 높다는 점을 말씀드리고, 향후 나오는 차트에서도 확인해보도록 하겠습니다. 10월 27일 매수 시그널이 나와서 중간쯤에 매수를 하고 일부 올라가면 2~3% 넘는 지점에서 이익 실현하고 스탑을 잘 운용을 해보시면 될 것 같습니다.

일반적으로는 1차 매도로 비중의 40%를 매도하고, 2차 매도를 하고 스탑은 본전 또는 본전 한두 틱 밑으로 올리게 됩니다. 가격이 계속 상승하는 모습을 볼 수 있는데, 첫째 날에 시그널이 나오는 경우도 있고, 두 번째 날에 시그널에 나오는 경우도 있으니 참고 부탁드립니다.

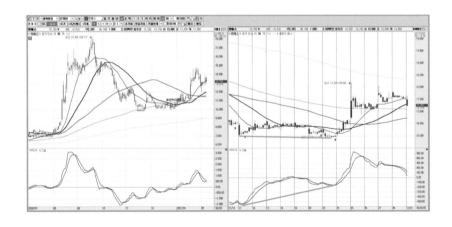

패턴매매기법으로 최적의 매수 타이밍을 찾아라!

두 번째로 엔에스 차트를 보겠습니다. 일봉 차트에서 11월 23일 조그만 이중바닥이 생긴 날입니다. 11월 23일의 60분봉 시그널을 찾아보겠습니다. 11월 23일을 보면 여지없이 시그널이 나와 있는데, 이 시그널의 특징인 60분봉 차트상에서도 조금 전 하이트진로처럼 매수 디버전스가 형성이 된 것을 볼 수 있습니다. 매수 디버전스 이후에는 여지없이 가격이 상승했죠. 똑같은 원리로 시그널이 나온 봉의 중간쯤에 매수를 하고, 이전 저점 밑에 스탑을 놓으시고 올라갈 때는 알아서 1차 매도와 2차 매도 후에는 손절을 본전 이상으로 올리는 전략을 펴신다면 하방을 튼튼히 막으면서 필요한 지점에서 이익을 확보도 하실 수 있습니다.

좀 더 타이트하게 가격이 올라갈 때 이익을 더 지키시고 싶으시면 2차 매도 후에 스탑을 더 가까이 붙이면 더욱 좋은 결과를 얻을 수도 있을 것입니다. 개인적인 성향에 따라서 매수 후 매도 대응하는 방법이 다를 테니까 우선은 매수 타이밍 잡는 방법에 집중해보시기 바랍니다.

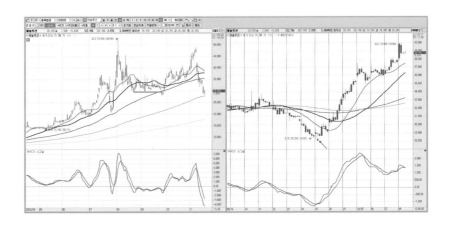

앞의 차트는 제놀루션입니다. 제놀루션이라는 차트는 일봉 차트에서 9월 24일에 이중바닥과 75이동평균선 지지선도 있고 매수 디버전스도 있습니다. 이렇게 매수 디버전스 75이동평균선 지지 이중바닥 세 가지의 교집합이 있는 날이 9월 24일입니다. 9월 24일 60분봉 차트로 가보도록 하겠습니다.

9월 24일에는 매수 시그널이 나오지 않았고 그다음 날 매수 시그널이 발생했습니다. 매수 시그널이 발생을 했으니 해당 60분봉 차트의 중간에 매수하고 이전 저점 밑인 28,250원의 한 틱 아래인 28,200원에 스탑을 놓고 가격이 올라가면 1차 매도 또는 2차 매도 후에는 손절을 본전 또는 그 이상으로 올려서 대응하시고, 1차 매도와 2차 매도로 30%씩 하셨다면 나머지 3차 매도는 장기 보유를 하실 수 있는 컨디션이 됩니다. 이러한 점을 충분히 활용하셔서 가격이 올라갈 때 이익을 확보하는 전략들도 같이 병행하시면 계좌의 손실은 줄어들고 점점 이익이 쌓이는 현상이 발생할 것입니다.

드림텍이라는 회사를 보겠습니다. 일봉 차트에서 11월 18일 이중바닥 가격을 그려 보면 최초로 이중바닥에 닿고 150이동평균선도 지지되고 매수 디버전스도 발생하고 있습니다. 조금 전 제놀루션과 거의 비슷한 그림인데, 그렇다면 11월 18일로 한번 60분봉 차트를 가보겠습니다. 11월 18일 60분봉 차트를 보면 매수 시그널이 2번이나 나왔습니다. 둘 중에 하나에서 매수를 하고 이전 저점 밑에 스탑을 났다면 그다음 날 바로 털렸습니다. 그래서 짧은 손실을 보고 시장에서 빠져나왔습니다.

하지만 제가 일봉 차트에서 누차 말씀드렸듯이 드림텍처럼 한 번에 올라가는 형태를 보실 수도 있겠지만, 이게 변곡이 될 확률이 크다고 하면 그다음 날까지도 지켜보셔야 합니다. 안타깝게도 그다음 날 여지없이 스탑에 털리고 난 다음에 매수 시그널이 바로 발생을 했고, 역시 자세하게 MACD를 확인해보면 매수 디버전스가 18일과 19일에 발생했다는 것을 확인할 수 있습니다.

그래서 11월 18일 60분봉 차트에서 매수 시그널이 발생해서 짧은 손실을 보고 19일 다시 한번 매수 진입을 했다면 예상 외로 큰 수익을 챙길 수 있습니다.

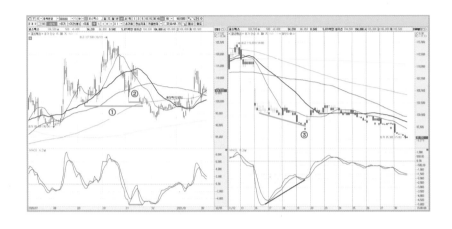

　이 차트는 코스맥스 차트입니다. 코스맥스 차트는 1번 지점인 11월 19일을 확인해보도록 하겠습니다. 11월 19일에 이중바닥과 150일 이동평균선도 존재합니다. 그런데 여기에서는 이중바닥이 2번 지점에서 같이 발생을 했기 때문에 이중바닥이 11월 19일 봉에 2개가 겹치고, 150이동평균선도 있고, MACD도 매수 디버전스 현상이 발생하고 있습니다. 그리고 나서 60분봉 차트에서 11월 19일로 가보겠습니다.

　11월 19일 바로 시그널이 나왔고 자세히 살펴보시면 매수 디버전스 현상이 60분봉 차트에서 발생했습니다. 그래서 이전 저점이 존재하지 않을 때는 11월 19일 오후 1시에 시그널이 발생한 봉 가격 밑에다가 스탑을 놓고 운용하시면 됩니다. 역시 가격이 올라갈 때 30~40%를 털고 반드시 2차 매도 후에는 손절을 매수가 이상으로 올려놓으신다면 손해는 없고 이익만 확보하는 전략이 발생하게 될 것입니다.

　한온시스템을 보겠습니다. 잘 찾아보시면 이중바닥이 있습니다. 정확하게 처음으로 이중바닥에 닿은 날이 10월 30일입니다. 그러면 10월 30일로 60분봉 차트를 가보겠습니다. 10월 30일에는 아무 시그널이 나와 있지 않습니다. 그리고 바로 다음 거래일인 11월 2일 바로 매수 시그널이 발생했습니다. 장이 시작하자마자 바로 시그널이 발생했기 때문에 중간쯤에 매수를 하고 이전 저점 밑인 11,150원보다 한 틱 아래인 11,100원에 스탑을 놓고 1차 매도와 2차 매도를 한 다음에 스탑을 본전 또는 그 위로 올려서 이익 확보를 하시는 매매를 하면 충분히 이 시그널을 활용하시는 효과가 있을 것입니다.

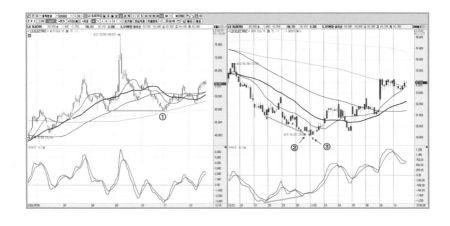

마지막으로 LS ELECTRIC을 보겠습니다. 지금의 주제는 이 중바닥과 60분봉 차트를 활용한 매수 타이밍을 잡는 방법입니다. 보시는 것처럼 1번 지점이 이중바닥이 처음 닿은 지점입니다. 그러면 10월 30일에는 과연 매수 타이밍이 발생했는지 60분봉 차트로 가보겠습니다. 10월 30일로 가보면 여지없이 매수 타이밍이 발생을 했습니다. 그리고 매수 디버전스도 생겼습니다. 이런 상태라면 확률이 굉장히 좋다라고 말씀을 드렸는데 좀 더 확대를 해보겠습니다.

매수 디버전스도 생기고 10월 30일 여지없이 매수 시그널이 발생해서 2번 지점 시간에 중간쯤에 매매를 하고, 이전 저점 밑인 49,200원 아래 49,100원에 스탑을 뒀다면 매수가는 대략 49,800원 정도가 되기 때문에 1.5% 정도의 스탑을 놓고 진행하게 되는 것입니다. 보시는 것처럼 그날은 가격이 오르다가 그다음 날 아침에 바로 스탑을 쳤습니다. 49,100원을 치고 하루 만에 가는 것이 아니라 지지선에서 며칠 만에 올라가는 현상이 보이듯이 이날 손절을 당했다고 하더라도 그다음 날이나 또는 그다음 날까지도 계속해서 지켜보셔야 된다고 말씀을 드렸습니다.

그렇기 때문에 2번 지점에서 손절에 털리더라도 그다음 날 일봉 차트에서 도지가 나오면서 60분봉 차트에서 3번 지점에 시그널이 나왔습니다. 10월 30일 손절을 했더라도 그다음 날 매수를 한 번 더 할 수 있다면 짧은 스탑에 털리고 다음 날 아침 10시에 매수 시그널을 보고 매수해, 여러분들도 충분히 이런 매수 시그널을 이익이나 손실을 보지 않는 지점으로 활용을 하실 수 있을 거라고 생각이 됩니다.

지금까지 하이트진로, 엔에스, 제놀루션, 드림텍, 코스맥스, 한온시스템, LS ELECTRIC 종목들에 대한 시그널을 일봉 차트와 60분봉 차트에서 확인을 했습니다. 한 가지 팁을 드리면 여러분들께서 이중바닥을 찾는 능력이 생기고, 60분봉 차트에서 이 시그널이 없다고 하더라도 시그널이 나오는 타이밍이 대략 MACD가 시그널을 상향 돌파하는 지점에 나오고 있습니다. 영업 비밀이긴 하지만 이 시그널을 구매하지 못한다고 하더라도 이렇게 해당되는 날에 MACD가 시그널을 골든 크로스하는 지점을 매수 타점으로 잡아서 활용하시면 이와 비슷한 효과를 얻으시게 될 것으로 생각이 되니까 시스템 시그널이 없다고 좌절하지 마시고 수없이 이런 시그널들을 직접 찾고 활용을 해보시길 바랍니다. 여러분들도 이러한 순서대로 일봉 차트에서 먼저 근거가 있어야 하고, 두 번째 60분봉 차트로 가야 한다는 것을 꼭 말씀 드리고 싶습니다.

어떤 분들은 시그널을 설치하시면 여기서 시그널이 나온 모든 곳에 매수하면 어떻겠냐고 하시는데 절대 그렇지 않습니다. 왜냐하면 선결조건인 일봉 차트에서 정확한 매수 타이밍에 대한 규정을 하시고 그다음에 60분봉 차트로 가서 매매를 하는 것이지, 60분봉 차트가 근간이 되어서 매수 타이밍을 잡고 일봉 차트로 가서 해석을 하면 절대 안 된다는 것입니다. 즉, 일봉 차트에서 나오는 매수 타이밍은 필요조건이고, 60분봉 차트에서 나오는 매수 타이밍은 충분조건입니다. 필요조건이 충족이 되어야 충분조건으로 가서 60분봉 차트에서 매수 타이밍을 보는 것이지, 60분봉 차트에서 매수 타이밍을 보고 매매를 하시면 절대로 안 된다는 것을 꼭 말씀드리고 싶습니다.

북한산 트레이딩센터에 오셔서 매매를 하시다 보면 큰 그림인 일봉 차트를 안 보고 60분봉 차트만 보거나 또는 5분봉 차트만 보고 매매를 하시는 분들이 있는데 그렇게 하시면 화를 부를 수 있습니다. 잦은 매매를 하게 되고 쓸데없이 세금과 수수료를 많이 내고 또 단타매매를 하는 경향이 있기 때문에 이 점을 특별히 유념하셔서 이 시스템 시그널과 매수 시그널이 나오는 MACD가 시그널선을 상승 돌파하는 이 지점을 잘 활용해 매수타점으로 활용해보시도록 권고드립니다. 다음 시간《실전에서 바로 써먹는 패턴매매기법 주식 투자》에는 미국 주식에서 발견된, 그리고 중국 주식에서 똑같은 현상이 발견되는, 즉 일봉 차트에서는 이중바닥, 60분봉 차트에서는 매수 타이밍이 나오는 사례들을 계속해서 확인해보도록 하겠습니다.

패턴매매기법으로
최적의 매수 타이밍을 찾아라!

제1판 1쇄 | 2021년 8월 24일

지은이 | 장영한, 김성재, 장호철, 김기태
펴낸이 | 유근석
펴낸곳 | 한국경제신문 *i*
기획제작 | (주)두드림미디어
책임편집 | 이규재, 배성분   디자인 | 디자인 뜰채 apexmino@hanmail.net

주소 | 서울특별시 중구 청파로 463
기획출판팀 | 02-333-3577
E-mail | dodreamedia@naver.com
등록 | 제 2-315(1967. 5. 15)

ISBN 978-89-475-4738-3 (03320)

한국경제신문 _i_ 주식, 선물 도서목록